赋能式投资

3G资本的投资并购与投后管理之道

[巴西] 弗朗西斯科·梅洛（Francisco Mello）◎著
南春雨◎译　钟昌震◎审校

华夏出版社
HUAXIA PUBLISHING HOUSE

两年前，我的朋友豪尔赫·保罗·雷曼邀请伯克希尔·哈撒韦与他的 3G 资本一同收购亨氏，我不假思索地同意了。在我看来：无论是从个人角度，还是财务角度，这一合作都很有前景。事实上也是如此。

我们希望能与 3G 资本有更多的合作，无论是以何种方式。与豪尔赫·保罗一同工作是一件愉快的事情。

——沃伦·巴菲特

这是一支可以让股东放心托付的管理团队。

——比尔·阿克曼

在研究了有史以来最为非凡的商业故事及其背后的企业家和领导者们之后，我可以肯定地说，3G 资本从微不足道的开端发展到具有全球影响力的巨头，其故事足以使巴西人自豪。巴西三雄与沃尔特·迪士尼、亨利·福特、山姆·沃尔顿、盛田昭夫，以及史蒂夫·乔布斯这样的商界奇才可以并肩，共同跻身伟大的梦想家队伍。世界各地的领导者也应该了解并学习 3G 资本，将其作为灵感之源。

——吉姆·柯林斯

传统的生产要素——土地、劳动力和资本，正在逐渐成为限制因素而非驱动力量。知识正在成为最为关键的生产要素。

——彼得·德鲁克

赋能式投资
——3G资本的投资并购与投后管理之道

《赋能式投资》所阐述的3G资本赋能模式把梦想、人才、文化有机结合，从而释放出巨大威力的经营方法，与自己过去投资经营时的尝试多有暗合，从而产生强烈的共鸣，受益匪浅！

——世纪长河集团董事长、美年大健康（002044）副董事长　郭美玲

和君商学一直致力于为企业的成长提供思想动力，海王集团曾邀和君做过管理咨询，对此颇有体会。本书可视为和君对转型升级大环境下中国投资机构和上市公司产融结合、提升企业价值的剖析与思考。在国家大力引导脱虚入实，促进实体经济发展的大背景下，本书的出版意义尤显重要。

——深圳海王集团董事长　张思民

在经济新常态下传统模式做企业或做投资都遇到了瓶颈，3G资本专注极致地把自己熟悉的产业做强做大，打造综合核心竞争能力，远远超越世界同行的发展模式，让我得到启发、借鉴！《赋能式投资》总结了3G资本模式的精华，值得我们从中学习、探索、实践如何打造世界级的优秀企业！

——洲明科技（300232）董事长　林洺锋

助力产业发展，更能显示资本的光辉。这种助力，不仅体现在资本本身，更体现在投资人对投资对象的业绩、文化、管理、理想的提升，这种"赋能"更有价值。发掘人才，完善管

理,造就伟业,这样的赋能式投资,3G资本做到了!

——汉威电子(300007)董事长　任红军

《赋能式投资》一书,一口气看了两遍,受益匪浅。它像一瓶收藏多年的好酒,纯正、入口。这本书以案例为主线阐述了理想、人才、文化的投资管理模式,对投资者是引航员和导师,是不可多得的一本好书。

——秀强股份(300160)董事长　卢秀强

赋能式投资,和君资本是这样说的,也是这样做的,勤勤恳恳,像农夫一样亲力亲为,亲手播种希望,期待收获硕果。我相信,这样的投资方式会受到企业家和创业者的普遍欢迎。

——乾照光电(300102)董事长　金章育

本书讲述的3G资本顺势而为、整合全球产业的成功故事令人惊叹,"远大梦想、优秀人才、公司文化"是其事业成功的基石,卓越的投后运营管理能力是确保投资并购实现高增值的关键。通过高效的产融互动改善产业业绩,提高利润和市值,支撑后续的并购,是产业和资本发展壮大的有效途径。

——亚威股份(002559)董事长　冷志斌

产业整合并购是中国经济未来发展的必然趋势,3G资本

赋能式投资
——3G资本的投资并购与投后管理之道

用鲜活的基本实践为产业整合并购做了最好的诠释，其赋能式投后管理理念值得当前中国的企业和企业家探索和学习。

——北京韩建集团有限公司董事长　田广良

百威、汉堡王、卡夫……巴西三雄的3G资本已成为全球商界的神话。他们以"梦想—人才—文化"为驱动，通过主动管理的赋能投资去筑就伟大公司。长远看3G模式才能真正实现PE的价值，该书值得中国投资界深读。

——海捷投资董事长　储慧斌

《赋能式投资》详细叙述了3G资本的发展史，以及其如何帮助被投企业做价值提升。书中所讲的汉堡王和亨氏的成功并购案例，以及在人才选拔、激励、淘汰方面的有效经验，给了我有价值的启发。

——甘泉资本创始合伙人　宋丹妲

3G资本的创始人不仅是投资大师，更是管理大师，选择了要进入的公司和产业之后，导入自己独特的近乎程式化的文化、价值、组织和模式，以改善公司的管理和经营能力，从而分享产业效率提升的收益，这是金融资本与产业互动的王道与天道。和君资本引进翻译的这本书，总结分析了3G资本在全球崛起的商业逻辑和路径，尤其是核心的管理理念原则，值得国内投资机构和有志于从事投资并购的人士认真研读学习。

——小牛资本管理集团合伙人、高级副总裁　赵铮

3G资本由巴西三位投行家创立，其投资管理和投后管理之道非常值得投资领域的我们进行研究和学习。借助其对投资控股后的公司进行管理、资本及产业等多方面的赋能，3G资本不仅缔造了全球啤酒业的整合神话，且即将掀起全球食品行业的整合浪潮。

在国内投资领域，和君集团旗下的和君资本对赋能式投资领悟较深。相信随着该书的出版，赋能式投资的方式将会引起国内投资行业的重点关注，亦将带来从业人员的深度思考和热烈讨论。

——深圳市前海瑞穗资本投资有限公司董事长兼总经理　乔惠平

真正的商业天才，是把这个复杂的世界简化为一个非常简单的理念，然后将这个理念贯彻到底。抓住机遇，出色的世界观、价值观、方法论造就今天的3G资本。他们的发展史对转型升级大环境下的中国投资机构和上市企业在资本市场的发展具有重要的借鉴和启示作用。

——科地资本董事长　陈刚

投资的原理是相通的，赋能式投资的很多理念在天使投资

赋能式投资
——3G资本的投资并购与投后管理之道

领域也很有借鉴意义，都重视人才的价值，都致力于发现并培养优秀的企业。中国资本市场面临着新的变革，投资领域也需要提升方法和手段。期待赋能式投资发挥更大作用。

——天使成长营发起人、AC加速器创始人　徐勇

和君资本多次向我介绍他们一直实践的赋能式投资模式，本书很好地提炼了这一模式的精髓，值得所有希望做大做强的上市公司企业家读一读！

——聚光科技（300203）创始人　王健

管理是艺术也是科学，管理的核心是人，企业文化是构建管理体系的重要因素，进而改变环境提高效能。特别是收、并、控后的管理，基因背景不同、信息价值相左、文化理念差异，时代与资本带来饕餮盛宴的背后面临了怎样的风险与挑战。如何能投管并行，《赋能式投资》为你传道授业解惑。

——地幔集团联合创始人　姚俊

当拿到《赋能式投资》这本书时，正值我司在进行企业文化与人才结构升级的时点，也恰逢年底集团在做新一年的预算管理，我们的很多实践与书中所阐述的关键点不谋而合，真是如获至宝。书中关于梦想、文化、人才、运营管理、成本控制等最基本的商业原则，往往被很多企业管理层或创业者忽略，尤其对以拼命烧VC的钱而粗放式发展的创业企业更

| 推荐语 |

是一个极好的警示！本书正是引用和提炼了这些简单明了的原则，提醒企业家、管理人员、创业者回归商业本质，遵循商业发展原则！

——玖富集团创始人　孙雷

赋能式投资是对产业投资的新解读，对被投企业的赋能来源于投资方对产业的深刻洞察、对企业运营管理之道的完美解读，以及强大的战略、文化、人才和方法论的输出能力。3G资本在这些方面给我们很大的启发，甚至改变了我对投资的理解。我们身边很多创业者成功后，都会涉足投资领域，我认为赋能式投资是创业者沉淀的行业经验和资本运作最完美的融合方式。

——镖狮网董事长　裴向宇

通过学习3G资本30年的产业征程，开始理解赋能式投资的理念，所谓的企业成功，是在正确的战略方向上，不断地提升组织能力，让公司梦想一步步变为现实。3G资本通过投资并购实现战略布局，然后花大量的精力在投后管理上：通过树立远大的梦想、培养员工的主人翁意识、加杠杆优选人才、推出合伙人模式、不断提升运营效率等体系化的运营方法，统一管理理念，让每一个并购公司都能够快速地融入组织，强强联合，实现共同的目标，这是一个值得学习的投资并购之道。

——六度人和创始人　张星亮

赋能式投资
——3G资本的投资并购与投后管理之道

在当今世界的经济陷入迷途，中国经济进入实业与资本的发展瓶颈之时，3G资本的发展之路颇有借鉴意义，如何实现资本助推实业的发展，实业又反哺资本的壮大，怎样让资本、人才和实业有机结合，是每个心存实业情结的金融人士的必备考题，此书深刻地揭示了这一逻辑，非常值得捧卷在手！

——泽芝资本合伙人　张宇

《赋能式投资》中文版的推出正逢其时。中国投资同行们正纷纷效仿巴西三雄的主动式并购投资，甚至财技更加酷炫，但却疏于"赋能"，于是"白衣骑士"亦会沦为"野蛮人"。本书浓墨重彩地描述3G资本在"人才、梦想、文化、管理"等方面的经验，这些往往被我们所忽略，是时候来补课了。

——中投新兴基金副总经理　张兵

过去30年，世界的一个轮子是资本，每一次狂奔之后总是一地鸡毛。和君的3G资本之道，是我所见过最朴实的投资之道，是概念泡沫之后，资本重归实业投资的一种思潮。于一个被上市公司收购的创业者来说：最打动我的不是绩效，不是目标分解，而是第二章的"最重要的投资是人才"。中国资本市场疯狂并购后能否持续，关键就是人才。关于3G资本最好的论述就在此章，其中文化契合、不拘形式和成长空间更是关键所在。知易行难，绩效目标是管理硬件、显性目标，然而这三点都是软件、隐形目标。但是，没有这三点，一切的大厦离倒塌只是时间长短而已。

——麦达奇思首席战略　官伏虎

3G资本的事业再一次说明，并购是资本市场永恒的王冠！3G资本的3个合伙人，不仅仅是杰出的投资家，也是卓越的企业家，懂行业，懂运营，充满激情和活力！

——格上理财创始人　安立欣

虽然这是一本投资方面的书籍，但是希望所有的企业家都能够认真地读一读，无须对号入座，但可照照镜子。同一家企业，为何而衰？因何而强？为何获得资本的青睐？又为何成为资本的弃儿？书中都为企业经营者们做出了解答。《赋能式投资》是一本值得随身携带、随时品味的好书。

——顺为互动联合创始人　张伟

这是一本精要小书，勾画了巴西三雄如何从人才培养与发展、激发与树立梦想以及组织文化制胜三个方面打造卓越投资运营管理的实践与原则。没有艰涩难懂的理论，质朴的白描让人才、梦想、文化这些语义最复杂的词汇在管理实践中得以具体化和可操作化。

——北京师范大学心理学院副教授、中国南极科考队专家组成员　闫巩固

| 推荐序一 |

赋能式投资的世界榜样和中国实践

一

自实业做金融,易;由金融做实业,难。

自美国占领世界市场是居高临下,易;由巴西攻占美国市场是逆水行舟,难。

看美、日经营之道,易;用美、日经营之道,难。将美、日经营方法熔于一炉,自成一家,逆袭欧洲、美国,难上加难。

巴西3G资本的三个火枪手雷曼、特列斯、斯库彼拉,一路迎难而上,将不可能变为可能,由巴西出发,将英特布鲁、安海斯-布希、亨氏、卡夫食品、SAB Miller一个个

赋能式投资
——3G资本的投资并购与投后管理之道

辉煌的名字收归麾下。

为什么他们能？答案是赋能式投资。

说到投资，人们首先想到的是巴菲特。巴菲特通过投资，而不是像企业家那样通过为大众制造某种产品或提供某种服务，成为全球顶尖富豪，所以他成为投资界的标杆人物。或许是了解自己的能力与局限，巴菲特的投资更喜欢"无为而治"，他并不涉入所投企业，施行投后管理，而是充分信任企业的经营者，放手让他们经营。对于活跃于投资并购的大型私募股权投资基金，巴菲特多秉持负面看法，几十年来在致股东的信中，多次敲打，认为私募股权投资基金就像短视的金融工程师，往往充当门口的"野蛮人"，利用杠杆提高报价，把被收购企业当作商品一样卖来卖去。

但近年来，巴菲特对巴西的3G资本却赞赏有加，在2015年致股东信中，巴菲特明确表达："我们希望与3G资本进行更多合作。有的时候我们的合作仅限于财务层面，就像此前汉堡王收购蒂姆·霍顿斯那样。不过，我们更希望能够建立一种永久性的股权合作关系。"有意思的是，3G资本的投资策略与巴菲特大相径庭，属于主动价值创造型投资模式，巴西三雄的通常做法是：加杠杆控股、导入强势文化、改选董事会、重新聘任高管、厉行控制成本、严格的目标责任制，等等。巴菲特认同巴西三雄的做法，并不吝溢美之词："雷曼和他的同伴是再好不过的合伙人了。我们与他们分享并购的激情，构建和创立更大的企业来满足基本的需求和欲望。我们走着不同的道路，但是追求着同一个目标。他们的方法一直以来都非常成功，通过并购能够减少不必要的成本，然后迅速地完成工作。他们的行为极大地提升了生产力，这是过去240年里美国经济增长最重要的因素。"

二

一般认为，私募股权投资基金施行主动价值创造型的投资，其收益主要来自三类：一是杠杆收益，二是估值价差，三是运营改进。根据欧洲工商管理学院全球私募股权基金研究中心和波士顿咨询公司（Boston Consulting Group）的联合研究，全球私募股权投资基金主动价值创造的来源在20世纪80年代主要是杠杆收益，90年代以后为估值价差，2012年以后是内部运营改进。总体来看，来自杠杆收益和估值价差的收益越来越少，来自运营改进的收益越来越多。随着全

赋能式投资
——3G资本的投资并购与投后管理之道

球流动性过剩、传统消费市场饱和、技术革命红利消失和大企业病的出现，依靠企业市场份额和盈利自然增长来赚钱变得越来越难，巴菲特的价值发现型投资策略受到了挑战。因此，在巴菲特与3G资本合作的这些交易中，精明的巴菲特与其说是投资了这些公司，不如说是投资了3G资本以运营改进为核心的主动价值创造能力。

与3G资本相似，通过主动价值创造赚取投资收益的私募股权投资机构也有不少，包括黑石、凯雷、KKR，TPG（德太投资）、Warburg Pincus（华平）等著名公司。为何唯有3G资本得到股神巴菲特的青睐？首先，他们的价值观相近。比如雷曼就曾经表示："成功的企业没有捷径，只有依靠积极、长期、持续的努力"，"简单是不变的王道，把复杂的商业简化成简单的理念，并将这些理念贯彻到底。"其次，3G资本和巴菲特都喜欢食品饮料和消费零售行业，也就是巴老所谓的"必须投资傻瓜都能经营的产业"。再次，寻找那些"有问题的成熟上市公司"，这些企业单一最大股东持股比例低，管理层能力偏弱且只关心短期利益，企业无法吸引一流优秀人才。

除了上述几点，更重要的是下述三点：

一、3G资本以经营实体企业的心态和做法做长期控股型投资

3G资本对投资项目的要求极高，一般几年才进行一项投资，但每次投资均要求控股。他们认为，只有控股型的投资才能把真正有效的管理行动导入被投资企业。3G资本最经典的投资案例——收购百威英博的根源，可以追溯到30年前巴西三雄收购一家濒临倒闭的巴西本土啤酒企业布哈马。经过几十年的持续经营管理和并购整合，昔时的无名之辈成为今日全球最大的啤酒企业。在这个过程中，他们以企业家长期经营而不是投资者短期交易的心态对待这项投资。3G资本的一位创始合伙人特列斯当时亲自全职担任布哈马的CEO，从零开始学习这个产业，在经营过程中逐渐培育了经过3G资本文化淘洗并且真正懂这个产业的人才队伍，获得了运营经验。3G资本的灵魂人物雷曼曾说道："当其他人在忙着管理资金时，我们投入时间打造自己的企业，只要我们成功建立自己的企业，长期而言，就是创造财富的最佳做法。"从这个角度说，与3G资本对标的不应该是黑石、凯雷等金融机构，而应该是迪士尼、沃尔玛、GE、丰田、华为、阿里巴巴这些实体企业的翘楚。

二、核心竞争力不是比资本，而是比组织和人才体系

3G资本这样介绍自己：我们的核心管理哲学是擅长对一流人才进行选、育、用、留。巴西三雄的核心人物雷曼就在人才方面很用心，特别注意选材和培育人才。他们选材的核心标准是PSD人才，指贫穷心态（Poor）、聪明（Smart）、有奋斗的激情（Desire），员工在入职之后完全凭能力和贡献定绩效，不讲究入职时间、学历、背景这些因素。现任百威英博CEO布里托就是PSD人才的典型代表：当年因交不起上斯坦福的学费受到雷曼资助，后来放弃麦肯锡年薪9万美元的工作，大幅降薪追随雷曼，并随着特列斯进驻布哈马，经过20年的打拼，一路成长为今天的CEO。正是有一套办法，能够令类似布里托这样的人才持续涌现，3G资本才敢于步步为营、连环收购。每一次新的收购成功后，他们都会输出自己原有企业的人才，掌控和经营新的企业，使之业绩提升，这是大多数控股型基金都不具备的核心能力。事实上，他们不光为自己，也为巴西商界培养了无数人才，巴西央行原行长以及很多巴西企业的总裁都出自3G资本的体系。

长久维系合伙关系，也是巴西三雄成功的一大秘诀。三

人的性格特征不完全一样，但具有相同的价值观。他们必须忍受许多自己不喜欢的事情，但那从不会影响到工作。如果他们选择单打独斗，很可能无法有今日的成就。巴菲特总结他们之间的关系说道："主要是他们内部不会争强好胜。许多企业家会掉入这个陷阱。你不能对自己的合伙人产生竞争心态，不能因为某人功绩卓越就心生不满。争强好胜在任何合作关系中都行不通，无论是在商场还是在婚姻中。"

三、以梦想、人才、文化为驱动力，以产融互动、并购整合和运营改进为工具的价值创造体系

3G资本的主动价值创造方法完全针对特定产业的特定企业特点而展开，核心是围绕梦想、人才、文化三个关键词展开一系列产融互动、并购整合和运营管理改进行动。这些行动具体包括：改选董事会和管理团队、与股东利益一致的管理层激励、裁员、削减福利、零基预算、精益生产、出售资产、持续并购、杠杆融资，等等。这些行动的改进方向是统一公司全体员工的思想，重新激发员工活力，让公司上下齐心协力，提升企业的现金流，降低成本费用，为公司的长远股东价值和永续经营而努力。

因此，3G资本的打法与大多数私募股权投资基金或主

动创造价值型基金大异其趣。后者本质上是一家金融机构，是财务投资者，以金融为主导、被投企业为工具，经过短期投后管理后，通过加杠杆低买高卖赚钱。而3G资本是以永续经营实体企业的方式进行长期控股型投资，聚焦少数产业的特定问题企业，以组织和人才为主导，以金融为工具，通过并购整合和运营改进的方式提升产业和企业效率，增加企业可持续发展和永续经营的能力，创造股东长期价值。

三

和君资本为3G资本的这种投资方式起了一个响亮的名字：赋能式投资。这不是为了标新立异，而是因为只有将3G资本的这种投资方式与传统的私募股权投资基金的投资策略完全区别开，才能更好地呈现3G资本的内涵和外延。

回首当下国内经济现状，一方面是过去的经济增长方式难以为继，传统产业面临较大困难，很多实体企业融不到资，经济增速下行；另一方面是流动性过剩，资产荒，一些资产价格（以金融资产为代表）泡沫严重，部分做实业的企业家甚至变卖企业将资金投入到金融资产之中，企业家精神消亡。中国经济正面临着前所未有的困境。我们认为，赋能式投资能够为解决这种困境提供思路，虽然这本小书并不能完全概括3G资本赋能式投资模式的打法，但亦可管中窥豹。

和君集团是一家以咨询业务为本、商学和资本业务为两翼的综合性智业集团，和君资本是一家从咨询机构发育出来的中国资本机构，一直致力于在咨询服务能力和商学人才培养的基础上发育主动创造价值的能力，并将此作为区别于其他投资机构的核心竞争力和投资安全边际的重要保障。巴西3G资本进入我们的视线恰逢其时，让我们找到了实践的知音和学习的榜样。分析3G资本赋能式投资的经验，结合我们近年的投资实践，我们试着总结适用于国内上市公司赋能式投资的几个要点，抛砖引玉，供业界同仁批评指正。

一、宗旨

投资特定产业的特定"问题"上市公司，以组织赋能和人才赋能为核心，以产业赋能和资本赋能为工具，赋予上市公司转型创新和可持续发展能力，提升产业和企业效率，增加股东长期价值，追求企业的永续经营。一家公司股东价值的持续增长，必须伴随着组织和人才、产业和资本的持续增长。

二、组织和人才赋能

1. 重塑使命、愿景和价值观。如果一项事业发心错了，即使从商业的角度取得再大的成功，也是错的。我们首先需要向被投企业注入正道正业的使命和愿景，让企业价值观拥有努力、反省、爱与利他的基因。将新的企业文化基因注入员工的心中，转化为他们的行动。通过对人心的净化，改善企业经营理念和工作的意义。

2. 重建组织体系和人才队伍，按照新的使命愿景价值观，建立与之贯通的组织体系、价值评价和分配体系。这个体系要与股东的长期利益保持一致，用制度奖励努力奋斗和为组织做出贡献的员工，约束员工可能的懒惰、懈怠和自私自利的行为。如果不能在原团队上改造成功，则需贯彻"先人后事"的变革理念，建立新的核心经营团队进驻企业，引入优秀的"新人"，削减臃肿机构及人员。

三、产业赋能

1. 清理资产负债表，牢牢守住老产业的大后方，创造更多现金流。老产业面临下滑，但在一定阶段依然会是公司的主业和收入利润的主要贡献来源，一定要通过选拔能人、加强班子建设、改进供研产销价值链进行降本增效，努力"榨出更多的油水"。利润就像毛巾里面的水，只要不断去拧，永远都会有更多的水出来。节流为开源创造条件。

2．进行产业组合的周期匹配和盈利接续。不断找到朝阳产业，在老产业走向衰退之前，开始布局下一个新产业；挑选、跟踪、并购朝阳产业中特定细分市场、利基市场的标杆企业；利用新的赋能式文化与工具提高企业盈利能力，延缓企业发展曲线下降。

3．确定产业型投资并购的战略路径。产业投资并购是区别于风险投资和私募基金的投资行为。前者追求在既定的战略布局下优化产业结构、打造产业板块，致力于长期持有运营，并实现融合发展，后者则以实现财务收益为目的。一家上市公司在转型升级过程中，应该主要围绕新产业方向展开投资并购，兼顾财务投资。在这个过程中，保持战略耐性和定力至关重要：战略布局和产业组合里没有的领域绝不轻易进入，即便有利可图。

四、资本赋能

发育长周期资本平台的能力。长周期的资本平台是驱动企业转型升级和永续经营的重要资源和能力。上市公司必须发育一个包括直接与间接融资能力、并购重组能力、战略投资能力、创新孵化投资能力的资本平台，让各个产业团队专精于企业自身经营发展，资本资源则由上市公司根据其发展

赋能式投资
——3G资本的投资并购与投后管理之道

需要做适合性配置。

从宏观逻辑上说，中国资本市场的健康发展依赖于上市公司质量的改进与提高。改造上市公司，从各方面对上市公司加以赋能，使它们增强战略决策能力、产业能力、组织能力、人才能力，最终增强可持续发展和永续经营能力，是资本市场健康发展和风险化解的必由之路。

从微观需求上看，中国不少上市公司战略迷茫、组织失效、人才短缺、产业老化、创新不足，前途堪忧。这类上市公司如果走入投机性的"搞重组、玩报表"的邪路，终究是祸害，祸害产业、祸害资本市场，而且还祸害人心。真正能挽救它们的，本质上是赋能，在文化与战略、产业与资本、变革与创新、组织与人才等各个方面，发育和赋予能力，端正理念、整合资源、改进效率、增强能力。这才是上市公司走出衰退和困境的正道。

从投资机会上分析，有三种投资模式清晰可辨：第一，发现成长性好的公司，公司增长带动投资增值，这属于投资（Investment）。第二，估值水平变化，低时买进，高时卖出（操作行情波段或市场趋势、"捡漏"买入被低估的资产，都属此列），这属于投机（Speculation，无贬义）。第三，买入问题公司，加以赋能、驱动变革、清除问题、开拓创新、改进效率、提高效益，推动投资增值。这属于我们所称的赋能式投资。西方有所谓主动管理型投资或积极投资（Active Investment），因为市场环境和企业特性的不同，美国资本市场上的主动管理型投资或积极投资，在操作理念和内容上，还是与我们指称的赋能式投资多有差异。

在经济形势好的时候，成长性好的公司较多，第一种投资机会多。在行情好或市场波动大的时候，第二种投资或曰投机机会多。在经济停滞、下行和转型时期，问题企业增多，转型和创新需求凸现，第三种投资机会增多。三种投资模式各有利弊，对应要求的价值观、人生观、素质、能力、性格和心性亦不同。第三种赋能式投资模式属于我们所称的。放眼望去，当下中国的资本市场，机会比比皆是、满目是金,只是挖出这种金子需要付出艰苦的努力和诚实的劳动而已。赋能式投资所需要的，就是建立相应的价值观和人生观，建立相应的能力体系和人才团队，修炼相应的心性与性格。

最后，借用《大学》中的一段话来作为这篇序言的结尾，这段话是我们践行赋能式投资心境和态度的写照：

赋能式投资
——3G资本的投资并购与投后管理之道

> 古之欲明明德于天下者，先治其国。欲治其国者，先齐其家。欲齐其家者，先修其身。欲修其身者，先正其心。欲正其心者，先诚其意。欲诚其意者，先致其知；致知在格物。物格而后知至，知至而后意诚，意诚而后心正，心正而后身修，身修而后家齐，家齐而后国治，国治而后天下平。自天子以至于庶人，壹是皆以修身为本，其本乱而末治者，否矣；其所厚者薄，而其所薄者厚，未之有也。此谓知本，此谓知之至也。

我们刚走上赋能式投资这条大道，将在这条路上付出不亚于任何人的努力，坚定前行，矢志不渝。我们希望有越来越多的投资机构和企业走上这条道路，共同为中国经济的转型升级做出些许贡献！

> 王明夫，和君集团董事长，和君商学院院长
> 宋思勤，和君资本合伙人，新生资本董事长
> 于北京，2016年冬

| 推荐序二 |

拥抱产业资本时代,与时间为友

过去几年里,在"资产荒"的背景下,充裕的资金在股市、债市、楼市和期货市场中"流窜",资产泡沫此起彼伏,"按下葫芦浮起瓢"。政策制定者制定政策、采取行动试图让一个市场降温,不久,另一个市场又膨胀起来。

种种资产泡沫轮动的背后,金融资本的强势已不再。缺的不是钱,缺的是真正理解产业进而能够把握资金投向的产业投资者,他们是中国新一代的投资银行家。金融资本要向产业资本转移,金融资本越来越像产业资本,走向实质意义上的产融互动,成为国家经济转型的重要支撑力量,提升产业效率,推动商业文明。

我们之所以在这个时点上花如此大的力气研究 3G 资本

的理念与实践,并把这本书的版权引入中国,由和君策划出版,是因为我们认为3G资本的做法走在了前头。

雷曼、特列斯、斯库彼拉这三个巴西人是世界范围内最优秀的投资银行家,占据了巴西富豪排行榜前五位中的三席,但同时,他们也是企业家,他们擅长的不仅是做交易,更是做企业,他们致力长期投资,帮助企业改善运营效率,并能站在全球视野上通过并购整合提高整个产业的结构效率。甚至可以说,他们是企业家、产业家,碰巧还是投资人。

"人生就像滚雪球,最重要的是找到很湿的雪和很长的坡",这是巴菲特的投资名言。他是巴西三雄的好友,欣赏3G资本选择的路,而这条路,也是我们这批人脚下的路。

天量资金,何处是归程?

从宏观视角来看,中国天量资金缺少出口的情况,已经演化到令人触目惊心的地步了。种种资产泡沫都或多或少与之有关。我们从结果说起。

先说许多人感受最明显的房地产。从国家统计局的数据来看,2016年,全国重点城市房价涨幅巨大,北京、上海、深圳相比2015年涨幅超过40%,最少的也超过了20%。

然后是股权市场，A股壳价值暴涨，小市值公司逐渐被消灭。从2014年初至今，A股市场上总市值小于20亿的公司从473家下降到7家；总市值小于30亿的公司从994家下降到23家；小于40亿的公司从1369家下降到141家。其趋势之快愈演愈烈。小市值公司集体被消灭掉意味着什么？公司还是原来那个样子，但是市值集体暴涨。

股权市场的早期创投领域，人民币化也越来越明显。这几年兴起一个词叫"独角兽"，特指估值超过10亿美金的初创公司。这种估值量级，其股权在一级市场却没有任何流动性。放在三年前，想想都觉得可怕。然而今天这种公司却比比皆是，蚂蚁金服估值超过3000亿人民币，如果放在创业板就是市值领跑、第一大，但这种公司居然还在一级市场，如此大的估值无流动性支持。

再看债券市场，从2014年初至今，已经走出了一波延续三年的牛市行情。10年期国债收益率从2014年1月份的4.6%下降到现在不足2.9%，降幅超过1.7个百分点。从收益率下降持续的时间来看，这次债券牛市长于过去10多年来的历次牛市。

也就是说，几大类资产都在涨，只要与中国人财富相关的资产类别几乎都在涨，不动产尤其典型。股权、债券，包括基本面极其差的公司，都是一样的涨、涨、涨。

这是什么原因？

自2012年，中国利率市场化的进程加速。以往的金融体系，主体资金在全社会的配置是靠银行系统，靠间接融资系统，而非股权市场，彼时汇率是不市场化的。然而2012年之后，这个情况就变了，钱是要追逐收益的，银行的存款通过做结构，投资到非标资产，包括楼盘、地产、基建等，基本都是一些收益比较高的资产，这是货币的流动。钱从银行体系流出，金融释放出力量，到处找资产。

所谓"金融脱媒"使巨兽被放出牢笼，启动了一个史无前例的金融自由化的繁荣。

传统金融体系约束信用扩张的栅栏被推倒以后，整个商业金融系统货币信用创造的无限性一下子释放出来。现在大家做资管，拿起电话谈生意，上百亿很普遍，中国金融业占GDP的比例现在已经高达10%，而2012年这个比例是6%左右，不到四年的时间，增长了四个百分点。美国金融业如此发达，金融业占GDP的比例只有6.5%。所以某种程度讲，中国靠金融业繁荣托举着日渐颓势的经济增速。

洪荒之力释放出来的结果，就是一个个能够提供收益的非实体领域陆陆续续被玩坏。钱通过各种方式涌出来，P2P等第三方理财这几年一下子就出来了。期限利差被抹平，信用利差被抹平，按这个趋势推演下去，未来的流动性溢价差也会抹平。那么，资金将不得不做出改变，向传统的流动性欠缺的资产发动进攻，一级市场大量的独角兽公司已经证明了这个时代的到来。

所有资产的水位都在一级级地往上走，而且是上去的水位下不来，所有人的钱都出不去，被人称为"关门放水泡资产"。而另一方面，资产荒的现象正在越来越突出，在今天的中国金融市场中，足够确定性的资产是有的，但远远不能提供足额的收益率覆盖交易结构的成本。2016年金融投资市场最重大的变化就是，传统负债型的机构不得不向固定收益以外的金融资产发动攻击。

现在市场上到底有多少钱呢？我们用"非银金融机构存款"来衡量，通俗地说，该指标表明的是随时可以投资于股票债券非标等金融资产的"自由现金流"。目前非银金融机构存款规模是16.3万亿人民币，是2014年牛市启动前的1.6倍。

16万亿是个什么概念呢？创业板5万亿、中小板10万亿、新三板2万亿,16万亿可以把这几个板块的股份全部买下来。

大家关心的问题是,下一步钱去哪里?

几个大的选择无非是:地产、债券、非标市场、汇率、大宗商品,还有就是股权市场。

我们的判断是,如果不发生系统性危机,未来会是股权投资的黄金周期,私募股权投资的时代即将到来。理由很简单:目前资产杠杆整体很高,且大部分都在那些不能多创造整体社会价值的资产类别里面,国家去杠杆,实际上是想把这些钱转化成股本金,这是政策导向,也是大势所趋。

如果放长远,看大周期的话,万亿级资金的走向一定是牺牲流动性,走向与产业的深度融合是必然趋势,就是金融资本和产业资本的深度融合。

这是我们基于上述宏观周期的分析和理解,得出的一个相对确定性的结论和方向感,那就是,资本与产业的深度结合,是确定无疑将会到来的一波巨浪。中国新一代的投资银行家,会在不久的将来陆续登场。

企业家雇佣资本,而非资本雇佣企业家

时代不同了。以前是钱很值钱,钱的溢价很高,未来是

钱越来越不值钱，产业的溢价越来越高。谁对资产类别的操盘能力更强，谁就对整个投资链条拥有更强的话语权。

对比历史，这和美国20世纪80年代的利率市场化、经济大发展的背景非常类似。彼时，美国出现了第四次并购浪潮，杠杆并购兴起，股权类的并购基金（Buyout Fund）首次出现，开启了美国并购市场风起云涌的时代。

新的历史机遇促成了大批产业基金的成长，之后在全球资本市场呼风唤雨的KKR、黑石等也在这一时期涌现出来，他们通过股权基金、垃圾债券等创新金融工具，汇集保险公司、养老经济等大型机构投资者的巨额资金，大举收购各类企业，通过改组管理团队、提高管理效率等方式，让美国一大批传统成熟产业重新焕发生机。他们往往在行业低谷出手，甚至特意选择有瑕疵的不良资产，通过点石成金的资本运作手法，重塑企业价值，在资本周期的高峰卖出或跨市场套利。

这些PE机构对周期的精准把握，对管理团队的高度掌控，以及财技上的长袖善舞，令人叹服，黑石集团的人均利润率一度达到高盛的9倍。

尽管如此，股神巴菲特却另有看法，他对PE机构并不欢迎。巴菲特直言："我不喜欢私募股权投资公司如下做法：

尽其所能地募集每一分钱，然后提高所投资公司的融资杠杆率，因为在某些情况下，这些公司真的没有为未来发展而做出准备"，"PE公司并没有对它们的监护公司注入它们急需的股权投资，相反，它们把自己还剩下的资金牢牢掌控在自己手里，相当之'私'"。

巴菲特对杠杆收购同样充满反感："杠杆收购公司，很快重新标榜自己为私募股权。他们的名字可能已经改了，但事实的真相是：被收购公司的权益大幅减少，而且在几乎所有的私募收购中堆集了大量债务。"

"事实上，对很多私募股权收购者来说，'权益'是个肮脏的词；他们热爱的是债务，并且因为债务目前如此便宜，这些买家能经常支付最高价。之后公司会被再次出售，通常卖给另一个杠杆收购方。实际上，公司变成了一件商品。"巴菲特如是说。

你会对一个商品产生感情并且在它身上赋予事业、梦想和毕生的追求吗？

这或许正是资本家与企业家的根本性区别。用和君的经典说法就是："企业家雇佣资本，而非资本雇佣企业家。"归根结底，是企业家把自己的全部精力、身家、梦想倾注在这项事业上，将心注入，长此以往，孜孜以求，才推动了社会的进步。

产融互动，以做企业的心态做投资

3G资本的做法就不同了。巴菲特对这家巴西私募股权投资公司称颂有加。虽然从某种意义上来讲，3G资本恰好就是巴菲特不喜欢的这种公司：

1. 它是典型的PE机构——即巴菲特最不喜欢的"二加二十人群"，意思是私募股权投资者为所提供的服务收取高得惊人的2%管理费及20%附带权益费（即无需提供本金而可获得的收益提成）；

2. 惯用杠杆收购：3G资本的几乎所有交易无一例外都动用了杠杆；

3. 热衷投后管理：替换管理层，大规模裁员，削减开支——与巴菲特"无为而治"的理念大相径庭。

但事实是，近几年3G资本并购整合国际食品行业的惊涛骇浪幕后，巴菲特的身影频现：

2013年，3G资本联手巴菲特，以232亿美元现金收购美国番茄酱制造商和食品巨头亨氏集团（Heinz），合并后的公司由3G资本负责运营；

赋能式投资
——3G资本的投资并购与投后管理之道

2014年,3G资本与巴菲特主导汉堡王作价114亿美元收购加拿大咖啡和甜甜圈连锁企业蒂姆·霍顿斯,打造了仅次于百胜集团和麦当劳的全球第三大快餐供应商,年营业额达到220亿美元,在世界100多个国家拥有超过1.8万家连锁店;

2015年,3G资本与巴菲特主导亨氏和卡夫合并,并购交易规模高达450亿美元,巴菲特与3G资本共同出资100亿美元现金,新公司"卡夫亨氏"成为北美第三大、全球第五大食品公司。

"我认为3G资本是在通过商业做一件伟大的工作",巴菲特谈道:"雷曼和他的同伴是再好不过的合伙人了。我们与他们分享并购的激情,构建和创立更大的企业来满足基本的需求和欲望。我们走着不同的道路,但是追求着同一个目标。他们的方法一直以来都非常成功。"

为什么3G资本得到巴菲特如此高的评价?很重要的原因是,在长达几十年的投资生涯中,3G资本始终能够守得住,守住一个产业,守住产业中的一个企业,进而以此为基点不断发展,产业深耕,产融互动,以做企业的心态做投资,最终造就了伟大的产业巨子。

3G资本对全球啤酒行业的整合之路就是非常典型的例证:

1989年，巴西三雄收购巴西最大啤酒厂布哈马（Brahma），进入啤酒行业，由特列斯全职运营；

1997年，布哈马收购竞争对手南极洲（Antarctica），并成立安贝夫（Ambev），成为巴西最大、全球第五大啤酒制造商；

2001年，安贝夫收购巴拉圭啤酒制造商Cerveceria Nacional；

2002年，安贝夫分两次分别收购阿根廷啤酒制造商Quilmes 36%和15%股权；

2004年，比利时啤酒制造商英特布鲁（Interbrew）收购安贝夫，并成立英博（InBev）集团，巴西三雄成为英博股东，后续增持股份成为最大个人股东；

2008年，英博集团以520亿美元现金交易拿下了安海斯-布希（Anheuser-Busch），即百威啤酒，成立全球最大的啤酒公司百威英博（AB Inbev）；

2012年，百威英博以201亿美元买断了墨西哥最大的啤酒公司莫德罗（Grupo Modelo），巩固了自己的地位；

2015年，百威英博以697.8亿英镑（1055亿美元）完成对全球第二大啤酒制造商SAB Miller的收购，成为全球啤酒行业无可匹敌的巨头。

赋能式投资
——3G资本的投资并购与投后管理之道

这就是3G资本与巴西三雄的作为。许多中国读者此前可能不会想到，百威英博背后的成长之路就跟3G资本的长期坚守是密不可分的，巴西三雄也从中年步入老年。在长达几十年的征战中，他们有无数次机会可以像其他PE机构一样，以不错的价格售出企业，赚得盆满钵满，可他们没有。事实上他们所做的正好相反，他们用自己的实际行动在向世界宣示：我们不是单纯追逐收益率的资本秃鹫，我们是产业的主人。

时间是好公司的朋友、坏公司的敌人

最好的投资是"时间的玫瑰"。在长期的实践中，雷曼发现，投资人偏好和企业家偏好有本质上的不同：雷曼和他的合伙人希望做长周期、少数量的投资，着眼长远，重度参与，用长周期的资金通过复利赚长周期的钱。相比投资家的头衔，说他们是企业家更合适。而大多数投资人希望通过快速的大范围投资，追求较高的短期收益，实际上这种模式很容易造成精力分散，也难以实现投资控股，无法导入管理模式，从而使成功率下降。

雷曼常说"我们最有价值的资产是时间"。而3G资本有着非常清晰的投资理念：

1. 3G资本的资金中，合伙人的自有资金占比更高，可以保证投资周期；

2. 投资战线大大收缩，投资数量大大减少，真正通过关键的控股性投资导入管理，做深做重做长远；

3. 投资的上市公司不再限于巴西本土，而是延伸到全球，包括欧美发达国家，尤其是美国；

4. 投资的企业类型，从新兴企业和传统企业并举到聚焦于没有技术革命风险的食品饮料领域，而且多为上市公司，股权分散，治理规范。

时间是最重要的尺度，在AWS的re:Invent2012大会上，亚马逊创始人贝佐斯说的这番话很有深意——

> 我常被问一个问题："在接下来的10年里，什么东西将会发生改变？"这是一个非常有意思的问题，也是一个很常见的问题。我几乎从未看到过这样的问题——在接下来的10年里什么将不会改变？但是我认为，实际上，在这两个问题当中，第二个问题其实更加重要，因为你可以根据随着时间流逝保持稳定趋势的事物构建一个商业战略。

对于投资也是如此。你在以多长的周期思考问题,也决定了投资模式的变与不变。

如果以 1 年为周期来思考投资,你需要关注的是市场的波动、政策的变化;如果以 3 年为周期来思考投资,你需要关注公司的经营质地、战略布局;如果以 10 年为周期来思考投资,你需要关注产业的变迁和走向;如果以 30 年为周期来思考投资,你需要关注人生的信仰和最终归宿;

如果你想做一家"永续经营"的投资机构,又该关注什么呢?

说到底,3G 资本是在建立一家伟大的公司。用和君的说法就是"产业为本,战略为势,创新为魂,金融为器"。杠杆收购、并购重组等都只是"器",根和本在于选择伟大的事情,找到很棒的人,然后创造一个组织,帮助自己和他人度过一个有意义的人生。

这也正是 *The 3G Way* 这一书名想要传递给读者的东西。

君重之路,任重道远

从全球视野和经济时差来看,大洋彼岸的故事终将以相似的逻辑在本土重演,中国的私募投资基金将以何种姿态迎接这一轮金融资本向产业资本转移的巨大浪潮？

3G资本和巴西三雄的经验值得借鉴。在这本书中，3G Way的核心理念总结为三个词：Dream，People，Culture。而我们对比发现，这些理念与和君这么多年所秉持的信条竟不谋而合，或可称之为和君版的"梦想—人才—文化"——

Dream——致力于做伟大的事情，而不是"管理钱"。产融互动，最根本的是以金融手段服务于产业发展。"产业为本，金融为器。"

People——基于人才的打法。只有人才奔腾，才能事业汹涌。人本理念：先造就人，然后造就企业和事业。人品即事品，人成即业成。

Culture——人生如莲，三度修炼，君子务本：态度决定命运、气度决定格局、底蕴的厚度决定事业的高度。人之态度、气度、厚度，犹如莲之根本；"三度"修炼，日积月累，功到自然成。

我们是这么理解的，也是这么做的。作为和君集团的成员企业，君重资本紧紧坚守着"产业为本，战略为势，创新为魂，金融为器，"的理念，正逐步打造出"君重"特色的独特投资模式。"君重"二字，即"以人为本"加"做重产

赋能式投资
——3G资本的投资并购与投后管理之道

业"。目前正在进行的PIPE式投资，即以私募基金投资于上市公司股权，正协助一个又一个国内的上市公司，在各自的产业建立起坚实的产业壁垒。

"其疾如风，其徐如林，侵掠如火，不动如山。"这是《孙子兵法·军争篇》的名句。

何为不动如山？资本市场瞬息万变，面对大浪淘沙式的资本周期，任何投机式的投资行为都如海上一扁舟，大浪拍过，尸骨无存。而我们坚信，唯有扎根产业大地，将自己的人生、事业投入到产业发展中，方可不动如山！

在大洋彼岸，3G资本的传奇尚在继续，而我们，正在迎来属于自己的时代。

你的时代终将到来，不要辜负你的时代！

钟昌震，和君资本合伙人，君重资本董事长
陈一诚，和君资本合伙人，君重资本合伙人
于北京，2016年冬

| 推荐序三 |

最重要的投资是投资于人
——来自3G资本的启示

这是中文世界关于3G资本的第一本书。此前,我从未听说过这家公司的存在,但它所投资经营的事业,却几乎无人不知、无人不晓。3G资本是百威英博、汉堡王、亨氏、卡夫等世界级公司背后的大股东。仅百威英博,就是世界第四大食品饮料公司,仅次于雀巢、百事、可口可乐,同时也是全球最大的啤酒生产商。

毫无疑问,3G资本是世界食品行业的执权杖者。更让人想不到的是,背后的操盘手是三个巴西人。这是发生在遥远的南美洲的故事。

赋能式投资
——3G资本的投资并购与投后管理之道

原以为本书将充斥着金融术语、算式、报表，看完反倒释然了。它更关注的不是投资，而是投后管理，其重点不在交易，而是如何管理好一家企业。不过3G资本最吸引我的还是关于人的故事：巴西三雄的人生、他们的用人观，以及如何通过"赋能于人"管理好各项事业，最终共同造就了3G资本自身的伟大。

一、人造就事业，事业造就人

什么样的人就做成什么样的事。3G资本的灵魂人物是豪尔赫·保罗·雷曼，和他长期并肩作战的合伙人是特列斯和斯库彼拉，他们被誉为"巴西三雄"。

雷曼生于1939年，人生经历堪称传奇，似乎在每件事上，都始终是位追求卓越之人。青年雷曼曾是巴西顶尖网球选手，先后五次拿过巴西冠军。不打网球时，雷曼热衷冲浪，他曾自豪地表示，自己是"里约热内卢最优秀的冲浪手之一"。

尽管网球成绩突出，但雷曼还是早早退出了职业赛场。他的理由是："我发现自己很难跻身世界排名前十的一流好手之列。"不过这段早期生涯让他养成了运动员式的生活方式：他多年不吃红肉，到今日依然避免饮酒。而在网球场上学到的一课，让雷曼受益终身。

教练告诉他，对着群众打球是不可能赢得比赛的。换言之，与其对看台上的观众炫技，不如专心比赛，让自己的表现更臻完美。雷曼的个性本就谨慎低调，这种务实作风也延续到他后来整个的投资生涯，终生不事声张，不喜社交。

学业方面，雷曼毕业于哈佛大学经济系，且在三年内就完成了学业。这段哈佛经历永久改变了雷曼的人生走向，他日后秉持的许多管理理念的形成都可追溯于此。例如雷曼谈道："我在哈佛学到了知人善任的重要性，而这也成为我的一项能力。哈佛是世界精英荟萃之地，我身边围绕着顶尖人才。这一点对我的影响很大，我开始培养选才的眼光，而这是我日后创业的一大特点……"

在辗转了几份工作后，1971年，雷曼开始了第一次创业，买下了加兰蒂亚经纪公司，正是在那里，雷曼遇见了一生的合作伙伴特列斯和斯库彼拉。

特列斯生于1950年，22岁加入公司，最初只是一个办公室的勤杂员，但聪明绝顶，对目标的专注执着和公开市场交易天赋让他很快崭露头角，24岁便晋升为合伙人，

赋能式投资
——3G资本的投资并购与投后管理之道

后来成为3G资本啤酒霸业的主将。1989年,加兰蒂亚收购布哈马,当时外界以为这只是一项普通投资,但特列斯却宣称终有一天要买下百威。他受命率领一个四人小组空降接管布哈马,担任CEO。2008年,3G资本主导英博收购百威。特列斯兑现诺言,他们真的这么干了。而现任百威英博CEO的布里托,正是当年和特列斯一起空降到布哈马的四人小组成员之一。

斯库彼拉生于1948年,在水下猎鱼活动中与雷曼相识,1973年加入加兰蒂亚,比特列斯晚了一年。加兰蒂亚1982年收购美洲商店连锁集团后,斯库彼拉出任董事长兼CEO,真正成长为一名企业家。在现在三人的合作关系中,雷曼是战略家,特列斯掌管基金运用,而斯库彼拉负责进行事业经营管理。

斯库彼拉同样少有大志。加入加兰蒂亚时,他连职务是什么、收入多少这些关切自身利益的问题都没问过,而是基于对雷曼的信任和对公司前景的看好。"我所见过的人当中,只会计较蝇头小利的人,绝对成不了大事业",斯库彼拉如此说道。

顶尖好手通常自负,擅长单打独斗,合作起来并不容易。此三人的长期合伙堪称佳话。他们的好友巴菲特曾对此总结:"主要是他们不与彼此争强好胜。许多企业家会掉入这个陷阱。你不能对自己的合伙人产生竞争心态,不能因为某人功绩卓越就心生不满。争强好胜,在任何合作关系中都行不通,无论是在商场还是在婚姻中。"

作为灵魂人物,雷曼有着极强的合作精神,他经常重复这句话:"集合优秀人才,然后共同努力,就是让公司成长的不二法门。""群策群力"是其口头禅,在雷曼的职业生涯中,只有一次自己独自发展新的事业,其他皆为合作。3G资本名称中的"3"指的就是巴西三雄,而G代表他们梦想出发的地方——加兰蒂亚,3G就是三位加兰蒂亚的好兄弟。

按照心理学的说法,雷曼是一位社会化权力动机很强的领导,这类人更喜欢使用"我们"而不是"我"。个人化权力动机很强的领导,容易将公司发展成个人崇拜的场所,声势浩大,但成效寥寥。而雷曼等人致力于发展组织,培养人,造就人。

二、赋能于人

俗话说"打仗亲兄弟,上阵父子兵",许多卓越企业都有自己的黄埔军校和黄埔系学生,就像柯林斯在《基业长青》中谈到的,高瞻远瞩的公司倡导"先人后事"的逻辑,重视自家长成的经理人。3G资本也是如此。

早在1991年,雷曼就和特列斯、斯库彼拉一起成立了Estudar基金(即"助学基金会"),通过向就读于世界最知名大学的年轻新秀们提供奖学金从而创建一个巴西领导人网络,将他们与许多良师益友和世界一流人才联系在一起。用"桃李满天下"形容雷曼非常合适,目前巴西政、商、学界诸多重量级领袖人物都是他的弟子,而随着3G资本不断扩张,最得意的门生也被派遣到遍布全球的各分支机构和控股企业之中担任要职。所以在3G资本系统内部,很多员工都亲切地称雷曼为"先生"。

现任百威英博CEO布里托就是雷曼等人的得意门生。在2016年美国著名财经杂志《巴伦周刊》评选的全球最具影响力的30名CEO中,布里托排名第三。居首位的是LVMH集团的伯纳德·阿诺特,亚马逊创始人贝索斯次席,巴菲特第四名。布里托已经连续六年入选榜单，且是唯一一位上榜的巴西人。

布里托生于1960年，家境普通但天资聪颖，大学毕业后进入奔驰，很快崭露头角，之后在壳牌做工程师。26岁那年，布里托分别收到斯坦福商学院和沃顿商学院的录取通知，他选择了前者，成为班上唯一的巴西人，但他没有足够的钱负担学费。壳牌曾有资助员工留学的机制，但因受资助的员工学成后大多没有返回壳牌工作，政策已被取消，于是布里托就想到找雷曼帮忙，虽素未谋面，但久闻雷曼热衷于教育，也专为优秀雇员提供资金用于赴美深造，于是辗转通过朋友关系获得了与雷曼面谈一小时的机会。

面试当天，布里托带了一份长长的简历，但雷曼说他不必看，更希望与这位年轻工程师面谈，询问了他的学术专业及未来的事业目标。之后，雷曼通过壳牌的朋友对布里托进行了更为深入全面的了解，遂决定资助他。

作为资助条件，雷曼要求布里托做到三件事："第一，你要和我保持联系，我想知道你在商学院的课上得如何；如果你读到任何有趣的财经文章，也一并寄给我看看。第二，如果你未来有机会帮助别人，也要像我现在帮助你一样，向人伸出援手。第三，等你完成学业后，请在接受任何工作机会之前，先和我们谈谈。"后来布里托也履约践诺，他回忆说，雷曼从来不会回信给他，但在收到信后总会打个电话作更深入的交谈。

去斯坦福读书前，布里托在加兰蒂亚待了两周，被其开放、精英、高效的企业文化震撼。毕业后，布里托收到麦肯锡咨询的offer，第一年薪水高达9万美元，但他最终还是选择加兰蒂亚，且年薪仅2万美元。雷曼告诉布里托，加兰蒂亚正在进行一个尚未公告的大项目（即收购布哈马啤酒），希望他能够一同进驻项目。

面对光鲜与低调、高薪与低薪、经理人与创业者的不同状态，布里托都选择了后者。这一选择与雷曼对其长期的栽培紧密相关，与对加兰蒂亚的经营管理和文化认同度紧密相关。更重要的是，雷曼和加兰蒂亚为布里托搭建了一个实现企业家梦想的舞台，对于一个渴望成就事业的人才而言，这比短期薪水显然重要得多。

使人成熟的不是岁月，而是经历。巨大的事业挑战是最好的成长良机。布里托在当上百威英博CEO前，也经历过长时间多岗位的轮岗锻炼，先后经历了安贝夫CEO、英博集团北美区 CEO、英博集团 CEO 等职务，对全球啤酒业的情况有深入透彻的理解。

布里托只是巴西三雄重视人才、擅于投资人才的典型一例。据不完全统计，雷曼一生中培养了至少 200 位合伙人，覆盖了巴西几乎所有金融机构、铁路、啤酒等行业的 CEO，但最优秀的都长期留在了 3G 资本系统。

三、热衷管理，更能做好投资

通常意义上，投资人士擅长的是交易、买进卖出，而非长期持有，更非撸起袖子自己亲自操刀上阵。但雷曼等人却对管理展现出非同寻常的热情。在买下布哈马啤酒超过 20 年后，巴西三雄从未将此视为一笔金融交易，而是打造其企业版图的一大步。

雷曼谈道："当其他人忙着管理资金时，我们投入时间致力打造自己的企业。只要我们成功建立自己的企业，长期而言，就是创造财富的最佳做法。如果仅是管理资金本身，无法成就非凡而永续的事业，但打造一家优质企业，却可带来惊人收益。"

早在职业生涯初期，雷曼便积极寻求他能学习的人物，

赋能式投资
——3G资本的投资并购与投后管理之道

并不远千里探访这些师法的对象，包括被誉为"日本经营四圣"之一的松下幸之助、富有远见的零售巨子山姆·沃尔顿、股神巴菲特，以及定期与管理学者吉姆·柯林斯沟通探讨基业长青之道。而且，他不但积极向这些人学习，也促进各界杰出人士交流，为所有人营造学习契机。现在雷曼寻求的导师大都比他本人年轻，已经七十多岁的他仍然像学生一般虚心求教。

很少见到投行家对管理本身有如此强烈的痴迷，热衷于提炼管理规律，并将其应用于提升一个行业的经营水准。但巴西三雄就是这么做的。从收购布哈马开始，特列斯等人就在管理学教授法尔科尼的帮助下发展出一套管理体系，这在对南极洲啤酒的并购后整合中发挥了关键性作用。接下来的十年里，法尔科尼和安贝夫管理层一起为公司开发了许多以目标为导向的管理体系和制造工艺，这套方法后来也被巴西许多大型企业所借鉴。

2008年7月，英博集团收购安海斯-布希，并购完成后，3G资本再次运用铁血手段，对安海斯-布希进行了一系列运营改善，行事逻辑与对布哈马、南极洲等公司的投后管理如出一辙，极大改善了公司质地，这也是3G资本一贯擅长之事。

表1 3G资本并购安海斯-布希后的投后管理

类别	具体措施
出售非主营资产	出售94亿美元的资产,包括布希公园和海洋世界。
在原料上节约成本	它不仅使用更小的酒瓶标识,还使用更薄的玻璃来制作啤酒瓶。公司还尝试在12瓶装的纸箱和其他包装箱中采用更薄的纸板。以前的安海斯-布希坚持使用整粒大米来酿造啤酒,而百威英博觉得,碎米也可以用。"我们采购大米时看重的是大米的新鲜程度,而不是它们是整粒大米还是碎米。"
降低产品独特性以降低成本、增加使用人群	安海斯·布希一直称"山毛榉木发酵工艺"增添了百威啤酒的口感,削减原两家山毛榉木供应商为一家。在德国哈勒陶地区,小农户一直以种植高品质的啤酒花为生,比如Hallertauer Mittelfrudieresish啤酒花,这是酿造百威啤酒不可或缺的原料。百威最初就是用欧洲原料酿造波希米亚啤酒。但在2008年收购交易完成后,百威英博表示,将减少Hallertauer Mittelfrudieresish啤酒花的采购量。
降低酒精含量	2012年早些时候,百威英博将时代、百威和贝克啤酒的酒精含量从5%降低到4.8%。
削减员工非收入福利	公司为员工配备的黑莓手机数量削减了一半,以前乘专机出行的高管现在只能乘坐普通航班。

如果要说3G资本在管理上做对了什么,最重要的就是

坚守原则：将组织建立在不同人的不同专长上，围绕于一定价值观，根据能够得到的资源进行部署，聚焦于真正擅长的领域，警惕不要轻易涉足不能真正做出成就和贡献的领域，而除此之外，其他一切都要保持开放、随时进化。

坦诚地说，这些都是管理的常识，但常识并不简单，在真实的企业生境中，最难贯彻的往往就是这些常识，即能否充分尊重常识，坚守底线。

时至今日，在全球，每喝三瓶啤酒就有一瓶是百威英博的，在中国喝五瓶啤酒就有两瓶和百威英博有关。雪花、青啤、燕京都有百威英博的股份，其中由百威英博控股的SAB Miller对雪花啤酒持股49%。

从投行家到企业家，从企业经营到产业经营，从南美到全球，终成世界范围内的巨型企业帝国，而又如此低调，这是巴西三雄和3G资本非常了不起的地方。

四、每个企业的成功都是有命数的

如果从更长的历史视角、更旁观者的立场上看待企业生命周期，我们发现，每个企业的成功都往往是有命数的，最主要的是与三点原因有关：

第一，企业成长与产业属性、产业的生命周期密不可分。产业兴，则企业兴；产业亡，则企业亡。商业世界中总是大的道理管住小的道理。

3G资本和巴西三雄的成就与他们所选择的产业赛道高度相关。在决定进军啤酒业时，收购布哈马时，雷曼展现了一种惊人的化繁为简的思考能力，他的理由是："热带国家、气候炎热、品牌优良、人口年轻、管理松散……不就正好具备一切条件，让我们将这家公司打造为优良企业？"雷曼说，自己做过一项非正式的"市场调查"，调查的结果相当正面：

"我查了一下拉丁美洲的资料，谁是委内瑞拉最有钱的人？答案是啤酒公司老板。哥伦比亚最有钱的人也是啤酒公司老板。阿根廷最有钱的人仍然是啤酒公司老板。这些人不可能全是商业天才，一定是啤酒业获利好的缘故。"

可以说，雷曼不追求简单的答案，但能把许多东西看得简单。这是一种企业家的核心能力。

第二，企业成长总是在奔跑中调整姿态，凡事不可能一帆风顺、一蹴而就，关键是从错误和失败中学到经验教训，付诸于新的实践。

巴西三雄对何谓投资、何谓事业的理解也有一个否定之

赋能式投资
——3G资本的投资并购与投后管理之道

否定的进化过程。他们所掌管的投资机构也从最初的加兰蒂亚，到GP公司，最终创建3G资本时，原则得以确立：

1. 3G资本的资金中，合伙人的资金占比更高，可以保证投资周期；

2. 投资战线大大收缩，投资数量大大减少，真正可以通过关键的控股性投资导入管理，做深做重做长远；

3. 投资的上市公司不再仅限于巴西本土，而是延伸到全球欧美发达国家，特别是美国；

4. 投资的企业从新兴企业和传统企业并举聚焦到没有技术革命风险的食品饮料领域，而且多为上市公司，股权分散，治理规范。

表2：巴西三雄的三个事业阶段及特点

1971年	1993年	2004年
加兰蒂亚	GP公司	3G资本
√投行、证券交易 √短期交易 √放杠杆、倒价差 √投行家	√私募股权投资 √中短期投资 √倒价差、赚估值差异 √投资家	√股权投资、企业经营 √长期投资 √主动价值管理和创造 √企业家

正是在此基础上，巴西三雄精准发力，取得持续的成

功，打造起了最大的全球食品饮料产业集群，成为全球范围内控股性、赋能式PIPE投资的标杆。

第三，企业的成长路线、经营风格，某种程度上是企业家人格的一种本能投射。许多其他企业的成功经验不可复制，归其根本，是因为企业家DNA不可复制。

巴西三雄的共同爱好是理解3G资本行事逻辑的一扇窗户。他们都喜欢水下猎鱼这一极限运动。这项运动需要无比的耐心与控制力。运动员身手矫健地潜入深海之中，无法预知会找到什么样的猎物。他必须精准计算自己潜水的时间，以及潜到多深时必须上升浮出水面，以免氧气不足发生危机。猎物会游开他身边，躲在礁石底下或洞穴之中，甚至是沉在船里。

这一切都发生在安静无声的海面下，猎鱼人必须化身隐形人，才能接近捕猎的目标。他必须放慢动作，而且经过算计。他得全神贯注，但又不能过于紧绷，而且要一路冷静地保持呼吸。他的心跳缓慢，一旦发现未警觉的鱼，立刻发射鱼叉。然而即使叉鱼技术再好，也无法保证成功。体型较大或游动快速的鱼，都会经历一番挣扎才投降。猎鱼人必须冷酷而精准，并掌握好时间，方能与他的战利品一起凯旋，最终浮上水面。

以上所有的过程,像极了一位投资高手在市场风云中应有的表现。或者说某种程度上,猎鱼人和投资高手对心理底层素质的要求,可谓是一致的。

斯库彼拉和雷曼就是通过这项高危运动相识的,后来特列斯也深深喜欢上了深海猎鱼。斯库彼拉是深海猎鱼的超级行家,甚至是六项世界记录的保持者,最大的战利品是一条重达301公斤的蓝色马林鱼,于2006年在里约海岸线捕获,斯库彼拉时年已经58岁。

雷曼说,面对危机,他们的一贯做法是:"先厘清自己有多少时间做出决定,然后利用这段时间,做出当下最好的决策,并维持冷静理性的态度,时机一旦成熟,便果断地行动。"

正是这样的人,成就了这样的事业。巴西三雄梦想远大,目标清晰,行事坚定。而这一切,又源于核心人物雷曼于哈佛读书时在心底埋下的一颗种子。

他原本只梦想夺下网球赛冠军,或冲上更高的浪头,但哈佛经历改变了他的世界观,使其理想远大。"理想远大和理想微小所需付出的努力,其实是一样多的。"雷曼如是说。

那为什么不做一个更大的梦呢?

Think Big，Think Long！

巴西三雄是自己的梦想家，活出了自己的风采与追求。从人的角度，他们终其一生做出的最好的投资就是投资了自己的一生。

丛龙峰　管理学博士
和君商学首席管理学家
2017 年元旦于南开园

| 第二版前言 |

　　本书是 *The 3G Way* 的修订版。写作第一版的时候,我刚刚辞去巴西一家顶级投行常务董事的职位,开始鼓足勇气全力创业。

　　辞职之后的那段日子,我会在家中书房的白板上,不时记下自己下一个职业阶段的商业构想。我打算从事的职业方向是私募股权投资基金运作和科技风险投资。我苦思冥想这两个领域世界上最杰出的商业实践。两个名字迅速浮现在我的眼前:股权投资领域的3G资本、科技风投领域的红杉资本。

　　我已经非常熟悉这两家机构的运作。3G资本的创始人(豪尔赫·保罗·雷曼、马塞尔·特列斯和贝托·斯库彼拉,常被称为"巴西三雄")在巴西是家喻户晓的企业家,登上过许多杂志的人物介绍栏目。最近出版的 *Dream Big* 从历史角度描述了他们的发展历程。我曾经效力六年的银行

赋能式投资
——3G资本的投资并购与投后管理之道

将他们创立的加兰蒂亚银行奉为圭臬。巴西三雄收购并控股了百威英博，而这最初的起点仅仅只是一笔金额6000万美元的股权交易（收购布哈马啤酒厂），并于2008年以超过600亿美元现金收购了安海斯-布希，进而一跃成为世界上最大的啤酒生产商。

红杉资本同样会不时带给我极大的启发。从2012年起，我作为风险投资人开始小额投资科技初创企业（主要是把我的奖金投入到风险创业中），并不断考虑开办自己的公司。我阅读了所有有关红杉资本投资方法的材料，这为我提供了思考创业的框架。

读完杰夫·贝索斯的传记《万货商店》后，我很认同他的观点：测试自己是否真正融会贯通的最好办法就是把所学所想书面呈现出来。那时候，我第一次考虑为我的家人和朋友出版一本书。

于是，我开始研究有关巴西三雄的一切。他们通俗地被称为"3G"，意思是三个来自加兰蒂亚（Garantia）的兄弟。我查看了他们以往的访谈、在多个大学会议上的主旨演讲，甚至一些毕业典礼上的致辞，发现他们反复谈及一种管理模式，这种管理模式可以简单地阐述为远大梦想、

| 第二版前言 |

优秀人才和强势文化的有机结合。我阅读了能收集到的所有报刊文摘。基于精益创业理念（那时我也做研究的另一事项），我快速上传本书的初始版本，之后根据读者的反馈，补充读者需要的内容，删减读者不感兴趣的部分。7月，我按下了亚马逊网站的"提交"按钮，向后倒在自己的椅子上，想着："真是疯狂，我竟然写了一本书。"

结果，一些朋友在看过我鼓起勇气送出的书后，喜欢上了这本书。这本书如同魔法一般，开始变得极其畅销。销售5万册之后，我决定根据得到的反馈改写此书，并出版第二版。这是一个非常美好的历程，我从中受益良多且感激不尽。这是最好的经历。

那么，新版本有什么不同？首先，我更为深入地理解了这一充满魔力的企业文化。坦白地说，在第一版，我仅仅做了非常肤浅的研究，只是宽泛地描述了他们的文化。第二版，我聚焦于百威英博。在我看来，巴西三雄的管理模式在百威英博的管理实践中得到了最为出色、最为复杂同时也是最为精确的体现。他们已控制这家公司二十多年，在上面倾注了最多时间，马塞尔·特列斯亲自管理也有近十年时间，所以这家公司也有足够的时间来实践梦想——人才—文化模式。我从他们公司的年报中引用了大量的原文。我惊喜地发现,他们总是把公司的发展秘诀放在最显眼的地方,完全公开,任何人都可以看到和复制。坦白地说,我没有看到哪家企业像巴西三雄那样大段引用通用、高盛和沃尔玛的报告。我希望读者能够深入思考,从而得出最为可靠的结论。

我希望您能喜欢本书!

弗朗西斯科·S.奥梅姆·德·梅洛

圣保罗,2015年3月25日

| 第一版前言 |

在告诉您本书讲述的内容之前,我想先告诉您本书没有讲述什么。

本书不是综合管理手册、权威指南或传记性的描述,也不是通俗有趣的商业小说。本书只想为您提供了解巴西三雄管理模式的窗口。我希望它能够为您带来实用的管理理念,同时可以吸引您更为深入地研究巴西三雄的管理之道。

在如实反映巴西三雄管理哲学的前提下,我尽可能把本书写得短小精悍。豪尔赫·保罗·雷曼将其管理之道反复缩减到一句话:努力工作和严明纪律。我将为您做解读并提供相关细节。为了节省您的时间,我不会像流行商业畅销书那样讲很多故事。尽管多讲故事会使阅读变得更为有趣。读者的宝贵时间应当用在实践巴西三雄的管理之道上。

本书取材于多种公开资源,其中包括斯坦福大学商学院的视频记录,来自 *HSM*[①]、《财富》、《福布斯》和其他顶级商业出版物的文章和相关书籍,与加兰蒂亚银行、百威英博、汉堡王以及 3G 资本前员工的非正式访谈。我希望能够更为全面地了解巴西三雄管理之道,从而保证本书内容尽可能的全面与客观。

我的研究没有得到巴西三雄的任何帮助。我从雷曼那里获得的最大帮助是,他提示我走在正确的路线上。这很容易理解:首先,我是一个新手作者;其次,他们过去没有做任何公开宣传。尽管如此,本书对巴西三雄管理实践更全面和专业的描述将使管理界受益良多。

我是怀着对这三个巴西人伟大商业成就的极大敬意而写作此书的。我曾在不同公司工作,亲身体会过管理所面对的挑战。巴西三雄能够做出如此出色成就,其实际过程要比表面上看起来困难许多。我为他们是巴西人

---

① *HSM* 为巴西的一家管理杂志。——作者注

而感到骄傲,在宏观经济严重衰落、腐败横行、税收匪夷所思、法制恶劣的情况下,私有企业能够如此兴盛殊为不易。

希望您会喜欢这本书。

| 目 录 |

第一章　3G资本发展史

很少有人注意到,百威英博、汉堡王、亨氏、卡夫等世界级公司背后的大股东正是3G资本。

加兰蒂亚(Garantia)是3G资本的前身和梦想起飞的地方,在控股美洲商店小试牛刀后,巴西三雄展开了一系列眼花缭乱而又波澜壮阔的产业征程:收购布哈马(Brahma)进军啤酒业;与南极洲(Antarctica)合并为安贝夫(AmBev)称霸南美;联姻比利时英特布鲁(Interbrew)全球扩张,更名英博(InBev);进而收购安海斯-布希(Anheuser-Busch),终成百威英博(ABInBev)。

加兰蒂亚:以高盛为师的投行　//003
美洲商店连锁集团:第一次尝试股权投资　//005
收购布哈马:进军啤酒行业　//010
英特布鲁收购案:全球化扩张　//015

收购安海斯-布希：千载难逢的机遇　// 018

创立 3G 资本：收购汉堡王和亨氏　// 023

总结：投资并购五原则　// 026

第二章　在人才上加杠杆

巴西三雄认为，企业最宝贵的资产是优秀员工。

在建造人才金字塔时，他们最重视塔基部分，一方面通过培训、目标考核和末位淘汰，令公司的优秀员工脱颖而出，另一方面实施综合培训生计划，比如成立研究基金资助有培养前途的大学生，在全球范围面向顶尖院校招募管理培训生。

巴西三雄公司的高管们亲自出面，倾向于选择那些极具天赋、眼中放光、渴望成长的人才，赋予责任和挑战，给予超出期待的激励。同时，企业择机扩张兼并，打开人才的上升通道，最终实现人才与企业共同成长。

卓越公司拥有卓越人才　// 035

建立精英体系：知易行难　// 038

不拘形式　// 052

坦率直接　// 056

兼并扩张为人才提供上升空间　// 059
打造人才工厂　// 060

第三章　树立远大梦想

巴西三雄对加兰蒂亚的某些员工缺乏雄心壮志和努力工作的精神十分失望。他们意识到必须用远大梦想吸引那些不为金钱所动的人才，这些人才更喜欢为了某件伟大的事情而工作，并且希望拥有自主权。

在30年的时间里，巴西三雄的远大梦想一个一个地实现了：巴西最大的啤酒生产商——南美洲最大的啤酒生产商——世界最大的啤酒生产商。2013年，巴西三雄联手巴菲特收购了食品巨头亨氏；2016年，亨氏收购卡夫食品，成为全球第五大食品公司。

远大梦想　// 071
将梦想转化为阶段性目标　// 073
缩小差距与精进之法　// 077

第四章　文化制胜

巴西三雄期望公司的每一个员工都有主人翁意识。具有主人翁意识的员工深思熟虑，全身心致力于公司成功，对自己的选择和行动天然具有使命感。卡洛斯·布里托开玩笑说："人们对待自己的车总比对待租来的车要好一些。"

公司推出了合伙人模式，为优秀员工融资，帮助其购买公司股权，并且鼓励员工长期持有，使员工、老板、股东共负盈亏，将个人的财富与公司前途紧密相连。

| 主人翁意识　// 087
| 对标管理　// 095
| 聚焦　// 097
| 提升领导力　// 102

第五章　卓有成效的运营管理

加兰蒂亚十八条商业原则之一是："偏执地控制成本和费用，因为这是唯一我们可以控制的变量。"

在法尔科尼教授的指导下，巴西三雄旗下的所有公司都应用了一整套降本增效的方法，几乎世界上所有的成功经验都被借鉴和运用，这些方法包括丰田生产方式、全面质量管理体系、对战略成本和非战略成本的划分、零基预算，等等。

在这一整套降本增效打法的支持下，巴西三雄攻城略地、所向披靡，将一个又一个世界级品牌收入囊中。

不断进行效率改善 // 109
严格控制成本和预算 // 113

附　录　卓越企业的管理原则

附录一　加兰蒂亚十八条商业原则　// 121
附录二　百威英博十大原则　// 125
附录三　高盛的商业原则　// 128
附录四　丰田管理的十四条法则　// 136

参考书目

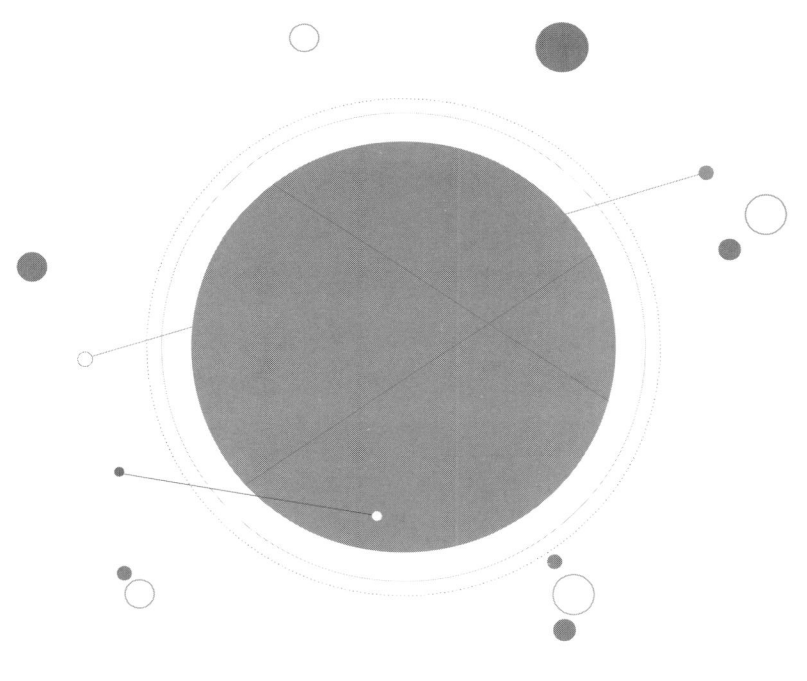

| 第一章 |

3G资本发展史

很少有人注意到，百威英博、汉堡王、亨氏、卡夫等世界级公司背后的大股东正是3G资本。

加兰蒂亚（Garantia）是3G资本的前身和梦想起飞的地方，在控股美洲商店小试牛刀后，巴西三雄展开了一系列眼花缭乱而又波澜壮阔的产业征程：收购布哈马（Brahma）进军啤酒业；与南极洲（Antarctica）合并为安贝夫（AmBev）称霸南美；联姻比利时英特布鲁（Interbrew）全球扩张，更名英博（InBev）；进而收购安海斯-布希（Anheuser-Busch），终成百威英博（ABInBev）。

加兰蒂亚：以高盛为师的投行

加兰蒂亚是豪尔赫·保罗·雷曼创立的第一家大型投资机构。雷曼是巴西籍瑞士人，拥有哈佛大学经济学学士学位。他热爱网球运动，曾代表巴西参加著名的戴维斯杯网球公开赛。1971年，雷曼在家族和朋友们的资助下买下了当时还鲜为人知的加兰蒂亚，一家位于里约热内卢的证券代理经纪商。1976年，在回绝了J.P摩根的收购意向后，雷曼逐渐将其运作为一家业务齐全、羽翼丰满的投资银行。

加兰蒂亚以高盛为师，全面向其学习。高盛总部位于纽约，是华尔街有史以来最为成功的投资银行。尽管高盛现在已是一家银行控股的公司，但依然以私人合伙制的形式运行，完全为其高管所控制。这些高管们持有

赋能式投资
——3G资本的投资并购与投后管理之道

高盛的股份,公司每年会根据他们的业绩表现决定其所持股份的增减。

这一模式对投资银行业来说是适用的:兼并与收购、股权与债券承销、销售与交易这些轻资产业务能给公司带来巨大的股权回报。后来,募集担保、过桥贷款及日益激烈的竞争促使资管机构向投资者募集更大金额和更长期限的资金。这一趋势在20世纪90年代达到了高潮,高盛也在这一时期进行了首次公开募股。

高盛对雷曼影响巨大。雷曼曾设法安排他的合伙人路易斯·切扎尔·费尔南德斯去高盛实习,以学习高盛的经营方式。费尔南德斯后来创立了百达银行(现在叫作巴西百达)。当时费尔南德斯找了一个助理做翻译,这个助理就是马塞尔·特列斯[①],那时刚刚被录用为银行的分析师。用雷曼的话说,"我们从高盛那里学到了精英体制、高强度员工培训和为人才提供成长机会的必要性。"这些都成为巴西三雄所坚

[①] 特列斯后来协助雷曼收购了百威英博、汉堡王、亨氏及其他公司。3G资本这一公司名称也是在强调其三位核心成员的至为关键的作用。在本书中,巴西三雄(trio)指的是这三位核心成员:豪尔赫·保罗·雷曼(Jorge Paulo Lemann)、马塞尔·特列斯(Marcel Telles)和贝托·斯库彼拉(Beto Sicupira)。——编者注

持的重要的文化特质,延续至今。

大胆恳求"实习"机会以学习世界最佳商业实践,是巴西三雄的标志动作。他们运用这一策略学习沃尔玛和安海斯-布希,取得了极大的成功。

巴西三雄的第三位成员是贝托·斯库彼拉,他与雷曼在一个捕鱼胜地相识,于1973年加入加兰蒂亚,比第二位成员马塞尔晚了一年。

美洲商店连锁集团:第一次尝试股权投资

在进行了一系列公开交易市场的小型投资之后,例如投资巴西百货和圣保罗阿帕加塔公司①,1982年,加兰蒂亚在圣保罗证券交易所②进行了第一次敌意收购,以大约2000万

---

① 圣保罗阿帕加塔公司是一家体育用品、鞋类和纺织品的制造商、出口商、分销商和零售商,世界著名的哈瓦那(Havaianas)人字拖是该公司旗下品牌。巴西百货和圣保罗圣帕加塔是巴西上市公司。——编者注

② 圣保罗证券交易所是巴西的一家证券交易所。它是世界上第13大证券交易所。——编者注

美元的对价获得了美洲商店连锁集团的控股权。

如今,巴西已经不可能进行性价比如此高的交易了。巴西的上市公司普遍设立了毒丸计划①和金色降落伞条款②,以保护中小股东的利益。这些条款要求敌意收购方必须要收购整个公司,并向董事会和高管层赔付大笔费用。

巴西三雄一直非常善于寻找绝佳机会。他们的目标是那些股东治理缺位的公司:容易滋生股东与管理层的利益冲突,激励机制会导致管理层逐渐背离股东的利益。这些公司的财务表现和经营业绩通常都乏善可陈,很难吸引和留住顶尖人才。如同 2008 年雷曼在接受 *HSM* 杂志专访时所强调的:

---

① 毒丸计划:正式名称为"股权摊薄反收购措施"。当一个公司遇到恶意收购,尤其是当收购方占有的股份已经达到 10% 到 20% 的时候,公司为了保住自己的控股权,就会大量低价增发新股,目的是让收购方手中的股票占比下降(摊薄股权),同时也增大了收购成本,让收购方无法达到控股的目的。——编者注

② 金色降落伞条款:按照聘用合同中公司控制权变动条款对高层管理人员进行补偿的规定,最早产生在美国。"金色"意指补偿丰厚,"降落伞"意指高管可规避公司控制权变动带来的冲击而实现平稳过渡。——编者注

| 第一章 | **3G资本发展史**

"我们总体上认为,理想的好公司是股票可以公开交易,股东也愿意为其工作的公司,因为这些股东和员工真的致力于公司的长期发展,同时兼顾眼下的商业回报。对于一家追求基业长青的好公司而言,这就是一种理想的平衡。我曾经担任过许多美洲公司的董事,那些公司股东的持股比例不超过2%或是3%,尽管公司利润情况还可以,但管理层操控全局是普遍情况。这是不健康的,它会助长一种倾向:管理层追求过多的股票期权、过多的薪酬,及注重短期业绩回报。因此,我认为理想的好公司应有清晰的股东治理结构。我更推崇英博现在的模式:一定数量的股东参与公司治理,确保公司可以真正注重长期导向,而公众股东、管理层和员工也可以大量持有公司股票。"

马塞尔·特列斯在2013年Endeawor总裁峰会上表达了同样的观点[①],特别强调了这种投资机会,这是当公司具有强

---

① 读者可以在http://www.the3gway.com/videos 找到本书所引用的视频资料。——作者注

势品牌和竞争优势，但股东治理缺位时所产生的：

> "我们寻找那些非常独特的公司标的：虽然管理层每三年也会交替更换，但始终没有出现具有控制权的股东。但它们又的确有一些优点：强势的品牌、有效的分销渠道、特许商品，正是这些确保了他们的存续，甚至还有不错的业绩。通常，这些公司乏人问津，也不会吸引华尔街或硅谷的注意力……当然，这些公司再也无法吸引到顶尖人才了。"

巴西零售商美洲商店连锁集团就是这方面一个绝佳的例子。在巴西三雄看来，股东与管理层委托代理结构的失效使其业绩欠佳。这给了巴西三雄一次机会，使他们可以将加兰蒂亚的管理模式真正运用到实体经济中。同时，他们还进行了一些多样化经营，使公司获得市场更好的估值。

绰号"推土机"的斯库彼拉被安排离开加兰蒂亚，去接手这家新公司。当他身穿牛仔裤，背着双肩包，像大学生似的来到美洲商店连锁集团时，他的新同事们都震惊了。那时美洲商店连锁集团文化氛围严肃，等级森严，管理层拥有实

| 第一章 | **3G资本发展史**

木装饰的独立办公室和豪华的公司餐厅。接下来,斯库彼拉的改革再次震惊了新同事。他制定了新的运营指南,随时查询工作进度;他拆除了私人办公室,将办公室设置成开放式的共享空间;他还导入一种类似于加兰蒂亚的提倡辩论、更具活力的工作氛围。

很快,他就不得不面对公司管理层的强烈不满,管理层以如果不停止革新就辞职相威胁。经过几小时的考虑之后(或许是在和加兰蒂亚的合伙人通过电话之后),斯库彼拉解雇了闹事的下属,并宣称重建公司文化最重要的就是果断迅速地行动。在他的执掌下,美洲商店连锁集团的员工人数从14000多名削减到大约8000名。

1993年,斯库彼拉创立了GP投资,这是一家主要做股权投资的资产管理公司。这家公司在1994年募集了第一笔5亿美元的资金,持有巴西网络、巴西电信和拉美物流等重要公司的股票,同时还拥有美洲商店连锁集团电商公司的股票。GP投资目前已由两位新一代管理层掌舵,分别是著名的互联网公司潜水艇的创始人安东尼奥·邦克里斯蒂亚诺和美洲商店连锁集团的前任总裁费尔森·兰布朗霍。

收购布哈马：进军啤酒行业

1989年，加兰蒂亚以6000万美元的价格收购了一家里约热内卢的啤酒企业布哈马①。这是一次颠覆性的收购，其交易的规模、复杂性及时机在加兰蒂亚的合伙人中争议很大。这次交易恰好是在费尔南多·科洛尔·德梅洛②和时任工会领袖路易斯·伊纳西奥·卢拉·达席尔瓦③的历史性选举前的几个月进行。这位工会领袖激进的左翼姿态令巴西商人们不寒而栗。

事后看来，雷曼鼓起了巴西三雄中其他两位的勇气，决定不顾复杂局势继续推进交易。他们甚至没来得及做财务和法律尽职调查。这次交易完成后没多久，布哈马公司养老金计划的巨大财务黑洞露出水面。如果提前知道这个情况，巴

---

① 布哈马（Brahma）是巴西的一个啤酒品牌，于1888年创建。——编者注

② 1989年11月15日，巴西举行了近30年来首次全民直接选举，费尔南多·科洛尔·德梅洛当选总统。——编者注

③ 卢拉曾于1989、1994、1998年三次竞选总统。2002年10月，他当选巴西第4任总统。他曾创建巴西最大的反对党，他领导的工会运动为加快军人独裁在1985年下台作出了重要贡献。——编者注

| 第一章 | **3G资本发展史**

西三雄很可能会终止这项收购。对此,雷曼谈道:

> "直觉告诉我们应当继续交易,因为我们身处一个年轻、活力四射的热带国家,同时我们确信啤酒产业前景广阔,只是现在做得太糟糕了。与这种前景相比较,卢拉或科洛尔谁赢得选举,以及养老金计划是否有问题都显得无关紧要。"

马塞尔·特列斯多年前曾陪同费尔南德斯在高盛实习,如今被委任为布哈马啤酒公司的首席执行官。正如外界预想的那样,他复制了加兰蒂亚和美洲商店连锁集团的管理方法,在布哈马推行了一场管理革命。接下来,特列斯又将公司的市场阵地扩展到阿根廷、乌拉圭和委内瑞拉,并在文森特·法尔科尼(Vicente Falconi)的协助下开始改进布哈马啤酒厂的制造工艺。法尔科尼也是法尔科尼绩效咨询公司的创始人(我们之后还会看到他出场)。

十年后,特列斯交棒给了麦吉姆·罗德里格斯。巴西三雄最早认识麦吉姆·罗德里格斯时,他还是巧克力制造商拉科塔(现在已改名为亿滋①的高管),为美洲商店连锁集团供货。交棒之后,特列斯作为董事会成员,精心策划了对布哈马的主要对手、位于圣保罗的南极洲啤酒公司②的收购。这笔交易在当年是一个对等合并,产生了更为庞大的布哈马。这次合并之后,巴西三雄与南极洲的控股股东哲伦尔基金共享合并后公司的控制权。

合并后的新公司名为安贝夫③。这家美洲酒水公司占据当时巴西啤酒市场70%的份额以及酒水市场40%的份额。

管理布哈马的最初十年里,特列斯的主要精力用于打造一支全明星管理团队。他用美国海军陆战队的口号"精英者骄傲"(The few, the proud)来称呼这支团队。卡洛斯·布里托(Carlos Brito)就是精英之一。他在雷曼的资助下获得斯坦福大学MBA学位,加入布哈马管理团队时已在加兰蒂

---

① 亿滋(Mondelez)是全球领先的巧克力、饼干、口香糖、糖果、咖啡及固体饮料制造商,旗下的巧克力品牌包括妙卡(Milka)、吉百利牛奶巧克力、Lacta、三角巧克力(Toblerone)等。——编者注

② 南极洲(Antarctica)是巴西一家著名的啤酒公司,为布哈马(Brahma)当时在南美洲的最大竞争对手。——编者注

③ 安贝夫(AmBev)成立后,布哈马、南极洲仍是南美洲家喻户晓的啤酒品牌。——编者注

| 第一章 | **3G资本发展史**

亚独当一面。这支精英的管理团队在整合南极洲啤酒公司的业务时发挥了至关重要的作用。南极洲如同早先时候的布哈马，管理层都配有巨大的豪华装修的私人办公室，最高管理层的办公室更是极尽奢华。

另一个促使整合成功的决定性因素是法尔科尼带来的管理体系结构。当时法尔科尼是米纳斯吉拉斯[①]联邦大学克里斯蒂亚诺·奥托尼基金会的管理学教授，讲授全面质量管理和丰田生产体系等富有启发性的管理工具。接下来的十年里，法尔科尼和安贝夫管理层一起为公司开发了许多以目标为导向的管理体系和制造工艺。这套完整方法的一部分被巴西许多大型组织所采用，特别是阿埃西奥·内维斯领导的米纳斯吉拉斯州政府。

特列斯和法尔科尼大大提升了布哈马公司的生产能力。数据可以更好地说明这一情况。合并后，原布哈马的员工只占到安贝夫公司员工总数的一半，却贡献了三分之二的产量。1999 年，布哈马公司每个一线生产工人的人均产量是

---

① 米纳斯吉拉斯（Minas Gerais）是巴西东南部的一个州，居民 2000 多万，人口数量位居全国第二，在巴西国内生产总值仅次于圣保罗和里约。——编者注

877.6升。但在2000年，合并后的第一年，新公司的人均产量却是755.6升。不过罗德里格斯及其团队很快扭转了这一状况。

这一行之有效的管理模式日后在安贝夫公司的每份年报中都经常被着重强调，最为完整的表述是在2002年致股东的信中。这封信的落款是安贝夫公司董事会的联合主席特列斯和维克多·马奇（哲伦尔基金的代表），以及总经理罗德里格斯。

> 我们这家公司的真髓始终在于我们的管理能力、文化和员工无与伦比的执行力。我们挑选、培养和细心跟踪青年才俊们的职业发展。在这方面我们很有信心而又严格要求。
>
> 富有竞争力的薪酬机制激励着我们，这激发了高绩效、责任感和企业家精神。每个安贝夫员工都致力于达成可持续发展的长期目标。严格的财务纪律是我们文化的本质特征。
>
> 我们是一家年轻的公司，员工平均年龄只有29岁。不过我们这支管理团队能力卓越。高级管理人员

积极物色最优秀的人才，用心培养下一代管理梯队。

安贝夫的员工，我们这些才俊们，拥护这些基本原则。这些基本原则在我们的特有流程和独特的管理方式中都有充分的体现。①

英特布鲁②收购案：全球化扩张

从1999年到2004年，在对南极洲的整合行动中，为了给合并后的工厂和物流中心提供管理服务，巴西三雄创立了一个综合服务中心。这些行动没有减缓安贝夫在拉丁美洲扩张的速度。

安贝夫所采取的扩张策略是在这一区域的最相关市场开展新业务，同时持续关注可能的并购机会。安贝夫遵循这一原则，2003年，在阿根廷收购了基因撒（Quinsa），拥有当地啤酒品牌基尔梅斯；在秘鲁收购了当地规模最大的两家百

---

① 以上为作者翻译而来。

② 英特布鲁（Interbrew）为欧洲比利时啤酒公司，曾通过一系列的重组，在2003年成为世界第三大啤酒厂。——编者注

赋能式投资
——3G资本的投资并购与投后管理之道

事饮料瓶装工厂；进行了其他类似的小型交易，比如与中美洲百事饮料最大瓶装工厂成立合资企业。

在拉美的大肆扩张远不足以满足巴西三雄的胃口。2014年身处全球并购浪潮中的安贝夫也在积极谋求并购其他竞争对手。当时的安海斯-布希[①]和喜力[②]并不是很好的选择：它们的体量远超安贝夫，这将使巴西三雄很难获得公司合并后的控制权。南非的SAB米勒公司[③]与比利时的英特布鲁质地优良，被列入并购的重点考虑对象。

2004年3月，安贝夫与其控股股东宣布了一桩复杂的交易。巴西三雄通过Braco控股公司持有的安贝夫控股权益，与几个比利时家族所持有的英特布鲁的部分股份进行交换。交易完成后，巴西三雄将与比利时家族共享合并后公司的

---

① 安海斯-布希（Anheuser Busch，简称AB），1852年创立，总部位于美国，旗下拥有百威啤酒（Budweiser），曾被视为美国文化的象征，极受欢迎。——编者注

② 喜力（Heineken），1863年成立，位于荷兰，为世界500强，曾是世界第四大啤酒公司。——编者注

③ SAB米勒（SAB Miller）由南非SAB公司和美国Miller公司合并而成，曾是世界第三大酿酒商。——编者注

| 第一章 | **3G资本发展史**

控制权,也就是说他们将控制安贝夫(AmBev)[①]和英特布鲁(Interbrew)合并后的名为英博(InBev)的公司[②]。

安贝夫的人才工厂快速培养了一大批富有才干的管理人员,从而可以派出数以百计的各级别管理者运营合并后的海外分公司。百威英博的现任首席执行官卡洛斯·布里托就是其中之一。布里托离开安贝夫经营了一段时间拉巴特(Labatt)[③],积累了宝贵的跨国工作经验。比利时人正是看中了他的跨国工作经验,同意他出任总部在鲁汶[④](Leuven)的英博的首席执行官。

接下来的几年里,安贝夫在拉丁美洲进行了多起并购案,例如他们进一步收购了基因撒(Quinsa)少数股东所持

---

① 安贝夫的少数股东被排除在交易之外,他们仍然只是安贝夫股东,并不会获得英博股票。作为交易的一部分,安贝夫收购英特布鲁在美洲的资产。与此同时,安贝夫向英博增发股票。——编者注

② 雷曼、特列斯和斯库彼拉持有英博24.7%的股票,并同比利时家族签署了股东协议,确保比利时家族在公司决策方面"同样事务,共同影响"。——编者注

③ 拉巴特(Labatt)为加拿大公司。——编者注

④ 鲁汶(Leuven)为比利时的一个城市,位于首都布鲁塞尔东侧,是比利时有名的大学城。——编者注

有的剩余股份。①

收购安海斯-布希：千载难逢的机遇

2008年，英博开始洽谈收购安海斯-布希。安海斯-布希是美国啤酒象征，旗下拥有众多传统品牌，如当时世界知名度最高的百威啤酒和百威轻啤。在巴西三雄的指导下，布里托主导了这次交易，这一交易受到运营这家公司的布希家族的广泛质疑。在美国，媒体一向反对外国公司收购美国标志性企业。因此，这次收购也受到了美国媒体甚至当时的总统候选人巴拉克·奥巴马的强烈批评。虽然遇到了重重阻力，交易最终还是完成了。

回溯到2006年，奥古斯特·布希四世（August BuscIV）不顾父亲也就是安海斯-布希首席执行官奥古斯特·布希三世（August BuschIII）的反对，同意在美国分销英博的产品。那时，安海斯-布希与英博将合并的说法就已经传播开来。

---

① 安贝夫于2002年分两次分别收购Quilmes 36%和15%的股权。——编者注

| 第一章 | **3G资本发展史**

通过分销协议,英博得以近距离全方位地观察安海斯-布希的运营。这就好像英博在安海斯-布希圣路易市区办公室的街对面设立了一个前哨基地。布里托能够看到这家公司诸多的运营低效和管理缺陷问题。这也是他乐意看到的局面。

收购布哈马之后,巴西三雄就已梦想着拥有百威。这个公司不仅是世界上最大的啤酒生产商,还是世界上一系列最好啤酒品牌的拥有者。更为吸引人的是:安海斯-布希还具有资金紧缺、业绩下滑和股权分散的特点。

与当时的大多数人的认知相反,布希家族仅持有不足10%的安海斯-布希股份,这使他们在董事会仍有一席之地。即便如此,布希三世和布希四世还是能够完全影响百威董事会。这一情况持续了几十年,他们始终在公司最高管理者的位置上。布希家族像是这家圣路易啤酒厂的独资所有人。这招致众多非议,外界普遍认为布希家族获得的利益远超他们持有的小部分股票应得的收益。如同Julie MacIntosh在 *Dethroning the King*[①] 中所写的:

---

① 该书讲述的是英博收购百威的详细过程,中文简体版预计于2017年由华夏出版社出版,与本书为姊妹篇。——编者注

赋能式投资
——3G资本的投资并购与投后管理之道

> "他们从来没有成本意识。布希家族热爱飞行,数十年来,布希家族成员和随员乘坐公司的商务机队游遍了全美。公司的商务机全部是由外形靓丽、装饰豪华的达索猎鹰公司制造。毫不客气地说,就连公司战略委员会委员的妻子们,这些年都没有坐过民航的航班。"

安海斯-布希的一名前高管在接受Julie MacIntosh采访时,描述了布希家族因持有相对较少的股份所导致的弱势地位。只有在无人质疑他们微弱的所有权时,他们才可以施加影响:

> 他们只是公司名义上的领导人,并没有公司的控制权。这很像是英国的君主制,他们实际上没有权威做任何事。

在布希四世的一系列战略决策失误之后,市场又开始猜测安海斯-布希和英博可能会合并。布希四世的一个重大失误是:他曾与雷曼在纽约共进晚餐,雷曼提出以某种方式合并两个公司的建议。然而,他没有向董事会报告这个虽非正

第一章 3G资本发展史

式却直接的建议。

雷曼觉察到他的提议没有被布希四世认真对待,他和合作伙伴开始考虑敌意收购(在敌意收购中,收购公司可以越过被收购公司的董事会直接与股东联系。与此相反,善意收购往往会先与被收购公司董事会沟通。董事会将会分析研究收购方案,并在认可收购方案后向股东推介)。

所有迹象都表明,布希三世和四世所控制的安海斯-布希董事会,将不会做任何事情促进与英博的合并。那不仅会破坏他们现在奢侈的享乐生活,而且会向世人暴露出公司多年来的管理无方。

英博的替代行动方案是与安海斯-布希董事会谈判合并事宜,同时"泄漏"消息给媒体,这将迫使董事会认真考虑合并事宜,毕竟这是董事最重要的受托责任①。英博最终采用了这一方案。

2008年7月11日,英博将第一个正式出价转达给安海斯-布希。在这份出价中,每股股票65美元,安海斯-布希

---

① 受托责任是指委托人将资财的经营管理权授予受托人,受托人接受托付后即应承担所托付的责任。——编者注

公司整体估值463亿美元。在这之前的7月1日,安海斯-布希董事会收到英博的三份公开信,以资金不足和不符合股东利益最大化为由拒绝了此前的收购报价。因此英博此次报价加码到每股65美元,并且提议更换几名安海斯-布希董事会成员。7月7日,英博进一步向SEC[①](美国金融市场监管机构)提交了罢免安海斯-布希董事会的初步议案。安海斯-布希最终在7月11日勉强同意,开始与这家比利时公司"友好地"谈判。交易最终达成的价格是每股70美元,总价520亿美元,现金支付给股东。

为筹措这笔巨额交易金,英博与多家银行组成的财团签订了借款协议,总金额超过400亿美元。为了确保财团履行承诺,同时考虑到即将到来且日益恶化的信用危机,英博支付给财团5000万美元定金。在2008年9月华尔街投行雷曼兄弟破产的极端情况下,这一措施确保了并购资金能够及时到位。

---

① SEC的英文全称为Securities and Exchange Commission,中文意思为美国证券交易委员会,直属美国联邦的独立准司法机构。——编者注

| 第一章 | **3G资本发展史**

英博抓住了这个千载难逢的好机会,完成了并购。几周后,他们登临市场顶峰。

创立3G资本:收购汉堡王和亨氏

2004年,巴西三雄决定开展多样化的财务投资,创立了3G资本。3G资本总部位于纽约,是一家另类的资产管理公司。亚历克斯·贝林曾是GP投资公司的合伙人,他曾被派去管理拉美物流(ALL)[①](GP投资公司最为成功的控股公司),他主导了这些行动。

3G资本最初在高流动性市场交易,通过母基金形式配置资金给第三方管理人。后来,3G资本集中资金对上市公司进行大规模的单一投资,也就是我们通常所说的PIPE[②],

---

① ALL 是 América Latina Logística 的简称,巴西最大的铁路运营商。——作者注

② PIPE 是 Private Investment in Public Equity 的简称,中文意思是私募基金投资上市公司股权,也称为上市后私募投资,指私人投资或共同基金以低于当时市场价值的价格买入一家公司的普通股。——编者注

赋能式投资
——3G资本的投资并购与投后管理之道

即私募基金投资上市公司股权。

3G资本的第一笔大额交易是与TCI①联手进行的。TCI是一家资产管理公司，总部设在伦敦，其创始人克里斯·霍恩因在荷兰银行（ABN Amro Bank）和德意志交易所（Deutsche Borse）的一系列交易中主动作为而闻名于世。3G资本和TCI基金都持有美国铁路公司CSX②的大量股票，他们一同施压要求公司管理层积极革新。贝林曾在ALL工作，他的工作经验为这一联合行动提供了有力的支持。

在CSX行动之后，3G资本募集了一只新的基金，准备在2010年将汉堡王（Burger King，简称BK）私有化。汉堡王是一家快餐连锁经销商，当时被私募基金控制，由德州太平洋集团、贝恩资本和高盛操盘，他们在2002年从帝亚吉欧（Diageo）③公司购买了BK。BK运营不善，尤其是2008年之后的经济衰退。此时，汉堡王估价33亿美元

---

① TCI是The Children's Investment Fund Management的简称，为欧洲最大的对冲基金。——编者注
② CSX是全球唯一的集铁路、集装箱运输和后勤服务于一体的排名第一的集团。——编者注
③ Diageo始于1805年，来自英国，是全球最大的洋酒公司。——编者注

| 第一章 | **3G资本发展史**

（外加7亿美元负债），是其年收入的九倍。巴西三雄采用了约1∶1的财务杠杆来支付收购款项，这在现存的7亿美元负债之上又加上了17亿美元的收购负债。贝林的继任者、原ALL的首席执行官伯纳多·西斯被任命为汉堡王的首席执行官，代表3G操盘此次交易的丹尼尔·施瓦茨则担任首席财务官。

2012年，汉堡王与Justice Holdings合并，此时西斯的总裁任期还不到两年。Justice Holdings是潘兴广场资本①（Rershing square Capital Management）管理公司专门为并购设立的一个公司。3G资本及其投资人获得14亿美元现金（大致相当于首次购买汉堡王的金额）和合并后公司的70%股份。汉堡王就这样被并入收购主体中，自身实现了证券化，可以公开交易。这样的交易通常被称为反向IPO。

CSX和汉堡王的并购很成功，3G资本视豪尔赫·保罗·雷曼、贝托·斯库彼拉和马塞尔·特列斯为公司的精

---

① 潘兴广场资本的总部位于纽约，它是一家资产管理公司，全球大型对冲基金致力于主动投资。他们购买上市公司的相关股票，然后通过各种方法（友好访谈、给管理层写公开信、争夺董事会席位）改组管理层和重制公司战略。——作者注

神领袖,接着与沃伦·巴菲特(与雷曼同为吉列公司董事)一同合作,收购了H.J.亨氏公司[①],这是一个有名的番茄酱品牌的制造商。这一交易的规模远远超越了之前的并购,但仍然遵循了同样的交易架构:使用大量的低息债务实现美国巨型上市公司的私有化。亨氏公司的股东获得了233亿美元现金。

总结:投资并购五原则

纵观巴西三雄的商业征途,我们可以很清楚地看到:他们越来越聚焦于一个非常专业的领域进行交易。到目前为止,观察他们投入了绝大部分时间和资金收购和运营的公司(公告确认的有卡夫和亨氏并购),可以看到巴西三雄已经达成了以下的共识。

1. **聚焦成熟市场**

自收购英特布鲁以来,巴西三雄越来越多聚焦于美国和

---

① 2012年,3G资本与巴菲特以总价280亿美元收购亨氏集团,创下同类企业的收购最高纪录。——编者注

欧洲这样的成熟市场。这些市场的独特特点可以让巴西三雄大展拳脚：

> • 许多上市公司股权分散，他们认为这对公司业绩造成了极大的不利影响。
> • 大量且廉价的债务杠杆，利于交易。
> • 各公司所在的国家具有稳定的经济和政治环境，同时投资的地域多元化可以有效降低收入单一风险和其他外部风险因素（通货膨胀、利率、经济增长、地缘政治风险等）。
> • 过去十年中，他们没有在巴西三雄的家乡巴西达成任何一项相关交易。

2. 寻找拥有超常竞争优势的公司

巴西三雄尽管相信梦想—人才—文化三位一体是唯一真正可持续的竞争优势，他们仍然在寻找那些有缺点但依然生意兴旺（当然不是最好）的公司。具体而言，他们寻求的因素包括强势品牌、高效的分销系统、较低的供应商和顾客集中度，以及较少的技术颠覆风险。

3. 巨大的生产效率提高空间

制造和销售快速消费品（FMCG）[①]的行业，比如啤酒、汉堡和调味汁，都具有生产成本高昂的特点，其中人工成本占重要位置。巴西三雄可以用他们的管理模式对此加以改进，从而大幅提高毛利。

4. 高毛利

相比纯粹的零售业务，生产和销售快速消费品是一个高毛利的生意，从而可以舒缓金额巨大的财务杠杆。

5. "傻瓜"行业

如果行业的结构不够稳定和包容，单凭相对竞争优势就不够用了。

巴西三雄卖掉加兰蒂亚，退出投资银行业，就是一个非常具有说明性的例证。他们退出了一个维持成本很高的行业，转而投入快消品行业。这是因为投资银行业发展空间有限，市场风险很高，严重依赖关键员工。巴西三雄遵循了沃伦·巴菲特的著名原则："我购买那些傻瓜也可以运营的优秀公司的股票。因为总有一天这些公司会实现盈利。"

---

① FMCG的全称为Fast Moving Consumer Goods。——编者注

第一章 3G资本发展史

3G资本大事年表

1971年,雷曼买下加兰蒂亚证券经纪公司。

1976年,加兰蒂亚发展成为投资银行。

1982年,加兰蒂亚收购美洲商店连锁集团,斯库彼拉出任总裁。

1989年,加兰蒂亚收购布哈马啤酒厂,特列斯出任总裁。

1993年,创立GP公司。

1998年,加兰蒂亚投资银行被卖给瑞士信贷。

1999年,布哈马收购了竞争对手南极洲,创立安贝夫公司。

2004年,比利时英特布鲁公司收购了安贝夫公司,创立英博公司。

2004年,3G资本成立。

2008年,英博收购安海斯–布希公司,创立百威英博公司。

2010年,3G资本联合巴菲特收购汉堡王。

2013年,3G资本联合巴菲特收购亨氏公司。

赋能式投资
——3G资本的投资并购与投后管理之道

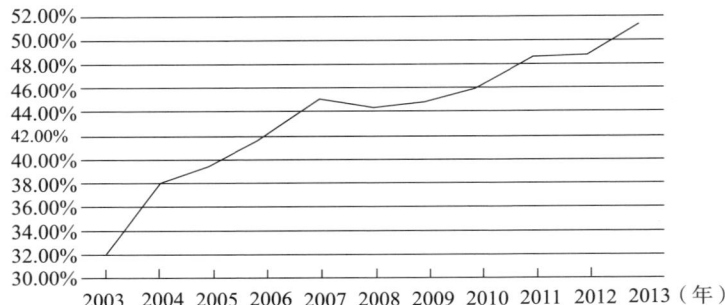

图 1　息税折旧摊销前利润率[①]——安贝夫，2003~2013 年

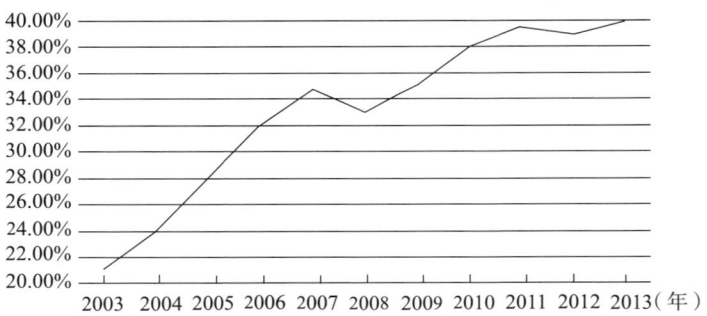

图 2　息税折旧摊销前利润率——英特布鲁、英博、百威英博

---

① 英文简称为EBITDA，全称是Earnings Before Interest, Tax, Depreciation and Amortization，是扣除利息、所得税、折旧、摊销之前的利润。——编者注

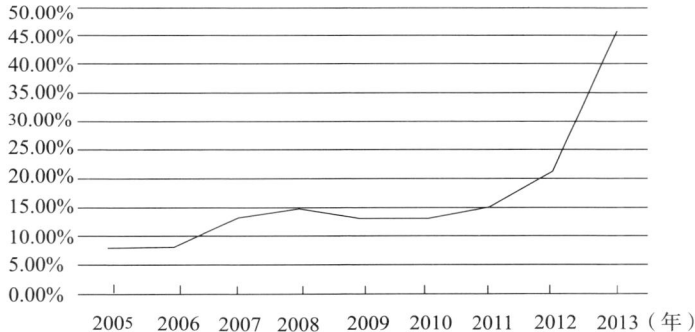

图3 息税折旧摊销前利润率——汉堡王，2005~2013年

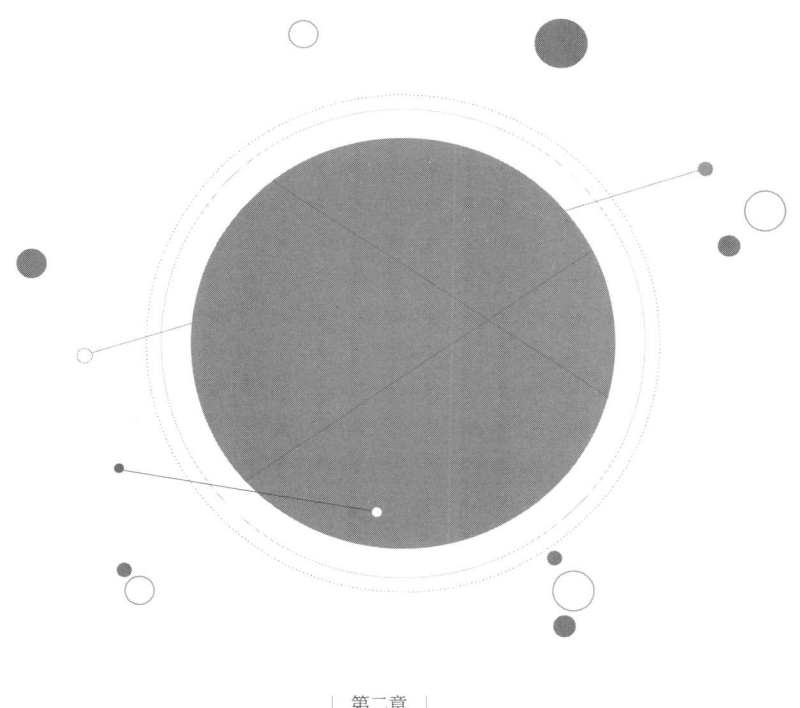

| 第二章 |

在人才上加杠杆

巴西三雄认为，企业最宝贵的资产是优秀员工。

在建造人才金字塔时，他们最重视塔基部分，一方面通过培训、目标考核和末位淘汰，令公司的优秀员工脱颖而出，另一方面实施综合培训生计划，比如成立研究基金资助有培养前途的大学生，在全球范围面向顶尖院校招募管理培训生。

巴西三雄公司的高管们亲自出面，倾向于选择那些极具天赋、眼中放光、渴望成长的人才，赋予责任和挑战，给予超出期待的激励。同时，企业择机扩张兼并，打开人才的上升通道，最终实现人才与企业共同成长。

卓越公司拥有卓越人才

公司最宝贵的资产是优秀员工,他们团队协作,各展天赋并得到肯定。员工的回报应当与股东的利益看齐。

——加兰蒂亚十八条商业原则

我们致力于招募、培养和留住优秀员工。这是公司战略方案的关键。我们清楚安贝夫员工是我们最大的竞争优势。

——安贝夫公司2003年报

我们只会一招:在人才上加杠杆。这是我们的能力所在。寻找那些有天赋、眼中放光、渴望成长的员工,为他们打开通道,帮他们获得成功。

——马赛尔·特列斯

赋能式投资
——3G资本的投资并购与投后管理之道

卡洛斯·布里托于2011年在斯坦福大学名为"顶层视野"的演讲中说道:"优秀员工成就伟大公司。"一个公司期待卓越,大多数员工也必须卓越。除此以外,别无他法。

它听起来简单得难以置信,做起来却非易事。

为了拥有优秀的员工,企业必须在几个方面进行投入:

- 提供优秀员工感觉良好的工作环境。
- 为优秀员工创造进入公司且不断晋升的畅通通道。
- 给予优秀员工超出预期的报酬。
- 末位淘汰,不断提高储备人才的平均水平。

布里托认为,优秀员工乐于效力的公司有三个关键特质:

- 精英体系:优胜劣汰。
- 不拘形式:职级不是强加的,而是争来的。员工可以公开表达观点,而不用担心同辈压力与公司政治。
- 坦率直接:没有潜规则。讨论必须基于事实,明确人们皆在公司立场,这是原则且无例外。

除了优秀员工满意的环境,公司具有人才可持续晋升的发展通道也非常重要。这体现在很多方面:

| 第二章 | **在人才上加杠杆**

遍布全球的实习生、培训生、MBA项目为人才金字塔的底座提供新鲜的血液。百威英博的高级管理人员都会亲自参与招聘的最后环节,确保招募到最出色且匹配公司文化的人才。

优秀员工会从基层迅速晋升。他们的卓越表现将得到持续的认可和回报,并且接受大量与其新职责相关的培训。每个团队领导人都被要求必须选择至少两位团队成员作为潜在接班人,其中至少有一位可以在未来六个月内接任。这确保了现在大多数运营百威英博的高管在某个时期都有基层经验,并且他们100%适应公司独特的文化。

对于企业管理人员而言,这些观念听起来既简单又直接,但执行起来却极其严格和聚焦。

在向不拘形式、坦率直接的精英体系转变的过程中,被布里托称为"庸人"(一个刺耳却直率的称谓)的一类人,将对这种新的做事方式尤为不满。在同一单位工作许久的"好员工"也不再安居一隅。其他员工也不喜欢这个充满竞争的氛围,这使得他们的观点和假设会不断受到其他同事的挑战。"踢皮球"、维持现状更容易,但这一系列改变才是建立伟大公司的基础。

建立精英体系：知易行难

> 精英体系：一个以人才为中心，发现、培养和成就人才的系统。
>
> ——韦氏词典

精英体系可能是巴西三雄管理模式中最为重要和最有特色的部分。在这个体系中，不同的人才获得不同的待遇，表现最好的获得超出寻常的奖励，表现不佳者也会得到相应的处理，或者是通过培训让他们提高，或者是让他们走人。

精英体系的支柱是基于个人目标和业绩评价的可变薪酬系统，通常体现为金钱和职位（或是责任）两种形式。

学校里和运动场上的精英体系

如布里托所言，我们最早接触到精英体系是在学校。考试的分数通常会公之于众且非常客观，学生们不得不全身心投入，努力争先。后来，我们又在运动场上接触到精英体系。如果足够优秀就可以上场比赛，如果表现平平则只能坐冷板凳。教练会根据其表现提供持续的反馈并施加适量的压力。

企业领域：精英体系被破坏

管理者在管理员工时通常要考虑许多工作以外的因素：工作资历、个人私交、对公司的忠诚度，等等。这种做法极其有害，因为这表明他们完全忽略了员工完成优质工作的数量，且不打算认可它。随之而来的是致命的后果，大多数员工的业绩开始显著下滑。这种反馈机制相当于为自身发布了讣告声明[①]。

如布里托所言，建立精英体系绝非易事。以处理不良业绩为例，需遵照规章制度面对事实，直面员工，在三次反馈仍不能改善其业绩的情况下解雇员工。对公司和员工而言，这是最佳解决方案：公司可以提拔一个人

---

① 其后果不仅是低能员工频频获得提升，优秀员工也会因失望而另寻他处。这加剧了当前问题的复杂性。

填补空缺职位，员工也能够调整其职业生涯，找到更适合自己的工作。对于业绩不良的员工，布里托认为："总会有人业绩垫底，理想状况是：垫底的人自知糟糕并力争上游。"让员工了解自己的业绩表现在团队中的排名，可促进良性的竞争。

对百威英博文化产生了巨大影响的杰克·韦尔奇，在通用电气2002年的年报中也对这种做法表示认同：

> 未能及早淘汰业绩最差的10%员工，这不仅是管理的失效，更是错误的仁慈，实际上也是另一种形式的残忍。因为新任领导必然会立刻清除这些垫底的10%，这会使可能已经从事多年此种工作的他们陷入困境，并不得不在别的行业重新开始。

功绩

定义功绩是困难的。表面上看，功绩就是"完成指标"，基本是指实现目标。但这只是卓越领导者关键特质的极小一部分。

第二章 | 在人才上加杠杆

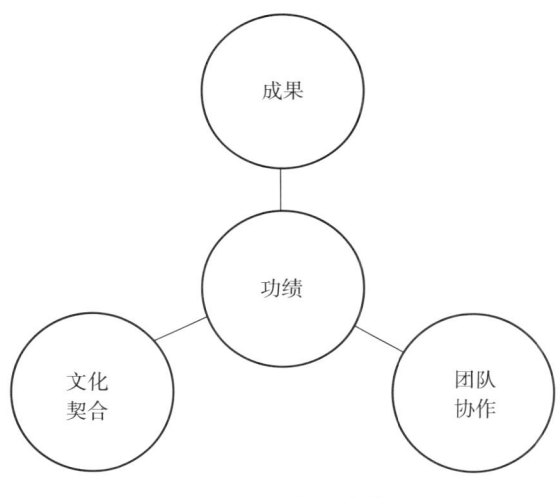

图 4 领导力和功绩

完成指标

达成率是一个非常客观的概念,在公司评估体系里被广泛应用。员工们完成指标的加权平均数是多少?不同目标有不同的权重,每份业绩评价报告前面都应有员工目标完成率。

一旦员工没有完成目标(70%的完成度是最低限度),

其领导就要适时评估他（她）是否需要培训，目标是否设定不合理，或员工是否被赋予了错误职责。

团队精神

团队精神由领导和360度年度考核来评价。团队合作的专业能力有什么？激励直接下属、不生事端、在基层员工中育成人才。

完成了自身工作目标且文化契合，但在团队合作中存在问题的员工，会被安排参加一些有针对性的培训项目。公司给这些员工时间以解决问题。

文化契合

文化契合也是卓越领导者的关键特性，是没有任何商量余地的一项。诸如正直、精英体系、主人翁意识、追求卓越的价值观不是培训到位即可，而是与生俱来的。

通用电气2002年的年报解释了这个与百威英博非常相似的体系：

第二章 在人才上加杠杆

我们在评估和安排现任的管理者时,将他们大致分为四种类型。

第一种:认同我们的价值观,并且可以完成工作任务——不设天花板。

第二种:不认同我们的价值观,并且没有完成工作任务——让其走人。

第三种:认同我们的价值观,但没有完成工作任务——通常会给其另外的机会。

安排和评判这三种类型的管理者都不困难,接下来的第四种类型是难于应对的。这类管理者不认同我们的价值观,但可以完成工作任务。他们通常都是独自而非团队合作完成工作,在工作过程中与其他员工时而亲近时而敌视。这部分人是最难处置的。公司设立的基本要求是希望员工可以完成工作任务,让完成工作的员工离开似乎不合情理。但我们不得不撤换第四类人,他们有可能摧毁我们开放、轻松、相互信任的文化氛围。而这种文化氛围是我们现在和未来取胜的必要保障。

业绩考核：让精英埋头工作

业绩考核是每个精英体系的基础制度。在百威英博，它被分为三个主要部分：

> 1.月度业绩考核；
> 2.半年业绩正式考核；
> 3.年度业绩正式考核和奖金发放。

月度业绩考核由团队的领导组织直接下属开会完成，目的在于考察每个员工（包括团队领导）的业绩和目标，帮助偏离目标的员工回到正确的方向。鼓励员工积极参与讨论，分析问题，提出解决方案并且分享最佳的工作范例。

每年年中，每个管理人员和他的直接下属进行一对一的面谈，就已经完成的业绩、达成的目标进行一场更为全面的讨论。相关的意见反馈更适于在私人谈话中进行。由于每个月都已公开讨论过业绩指标，半年考核中几乎没有惊喜，成为特别是对负面因素和失败行动的反思。这种反思通常称为"5W1H分析法"，包括5个W和1个H：

第二章 在人才上加杠杆

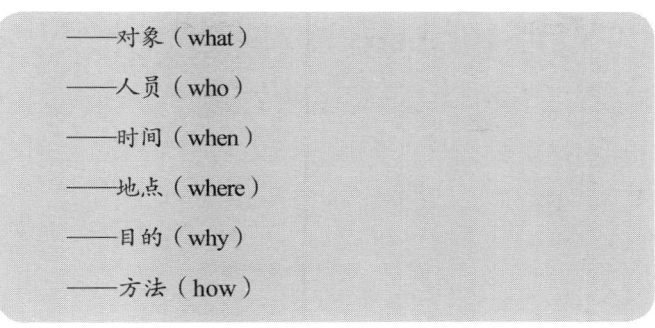

——对象（what）
——人员（who）
——时间（when）
——地点（where）
——目的（why）
——方法（how）

年末，一对一的正式考核如期进行。个人业绩指标被设定后，团队领导和下属坐下来再一次讨论业绩、目标及反馈。最终，个人业绩的完成是个人所有目标完成情况百分比的加权平均数。包括：

目标1：提高销售额10%（权重占比70%）；

目标2：拜访客户的次数增加5%（权重占比30%）。

我们假设这个员工完成了他的第一个目标，但第二个目标只完成了50%，那么他的个人业绩指标就是：

I.P. = (100% × 70%) + (50% × 30%) = 70% + 15% = 85%

整个公司从首席执行官到最低层管理人员，都执行这一考核体系。员工向管理层汇报目标、业绩、遇到的困难及解决方案，管理层给予下属反馈、引导、建议、工具、资源和知识。

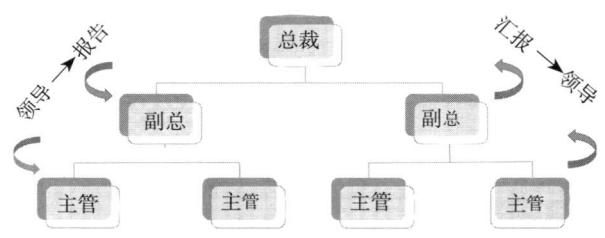

图 5 业绩考核流程

可变薪酬

可变薪酬是为不同的管理人员和运营人员设计的。对管理人员而言，可变薪酬的奖金数额取决于业绩评价。而对运营人员而言，可变薪酬的奖金数额则基于集体的杰出项目。

高管奖金

管理层人员每年都有资格获得奖金，金额由三个因素决定：个人的业绩、团队的业绩和整个公司的业绩。

个人的业绩指标是由员工个人的工作成绩评定的，团队的业绩是指与团队目标相关的整体工作进展情况。如果每个

第二章 在人才上加杠杆

团队成员都完成了各自的工作指标，逻辑上团队就完成了工作指标。因为每个人的工作指标是由团队集体工作目标分解而来，而团队集体工作目标是从公司层面的工作目标分解而来。公司层面的工作目标遵循同样的逻辑。

因此个人某年业绩突出没有意义：如果团队整体上没有完成工作目标，则个人会同团队一起受到惩罚，于公司而言也一样。这一考核机制有效地将员工的利益同股东的权益统一起来。员工和股东最终受益于同一个成果。

每个员工都会被评分，评分的依据是业绩指标（工作目标完成率的百分比）。管理层会将所有员工的业绩以曲线形式排列（历史上看，通常是钟型，如图6所示），最终确定他们的奖金。

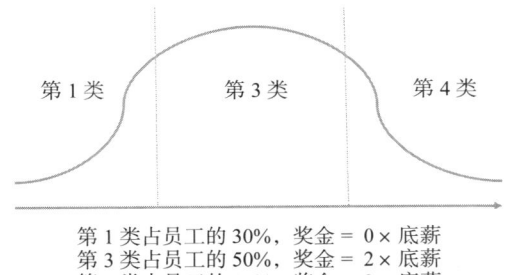

第1类占员工的30%，奖金 = 0 × 底薪
第3类占员工的50%，奖金 = 2 × 底薪
第4类占员工的15%，奖金 = 3 × 底薪

图6 相关业绩曲线

曲线最底端是业绩最差的员工。理想状态下，垫底的10%员工应当被立即解雇。他们的存在通常不是环境不佳而是一再表现不佳的问题。用新员工来代替这部分员工才可能把工作做好，同时也给了这部分员工发现更适合他们工作的机会。

第三类员工是公司的核心人员。他们工作表现非常优秀，是各自领域的专家，但他们既不想升职也不希望在管理方面有所发展。优秀的会计师和律师就是如此。既然公司不断淘汰业绩最差的员工，第三类员工也不得不持续提高他们的业绩，或冒险变成第一类员工。这一机制保证了在横向竞争的适度刺激下，人才储备不断改善。

第四类员工是行动者：这类优秀员工工作卓越，渴望职级晋升。公司必须给予这部分员工绝大部分的"关爱"，具体而言就是奖金、升职、培训，等等。

其余的5%员工（图中未列的第二类员工），他们入职未满6个月，因而没有资格进行业绩考核。公司会给这部分员工足够的时间来适应新工作并进入工作状态。

通用电气也有类似的考核制度，这些给予巴西三雄极大启发的做法在其2002年年报中也有清楚的描述：

| 第二章 | **在人才上加杠杆**

在每一个评估和奖励体系中,我们把员工分为三类:业绩顶尖的20%,业绩优秀的70%以及业绩垫底的10%。业绩顶尖的20%员工应该在精神和物质方面都给予爱护、培养和奖励。这部分员工是创造奇迹的那些人。失去这些人中的任何一个,都会被认为是管理者的过失。这是真正的管理失误。

表现顶尖或优秀的这部分员工并不是一成不变的,总是在这两类中不断流动。然而,以我们的经验,业绩垫底的10%员工有很大的可能性会继续垫底。一个将未来押注于员工的公司必须解雇这部分业绩垫底的员工,并且每年都这样处理。这样一来,业绩指标就会不断提高,公司领导层的素质也将不断改善。

百威英博也是如此,失去一名顶尖员工被视作罪恶,留住最优秀员工是公司层面的工作目标。最近有一位顶尖员工试图从汉堡王离职,当他宣布这一决定时,很多人试图劝说他留下,这使他非常惊讶。事实上,这名员工刚刚被纳入"未来承诺"名单,这是一份高潜能员工名单,在这份名单上的人通常有望在不久的将来进入公司管理层。

奖金池

奖金池是指年末用来发放奖金的现金总额,也被称为"馅饼尺寸",是公司经济附加值的函数。

> 奖金池 = 经济附加值 × X%
> 其中,
> 经济附加值[①] = 税后净营业利润[②] – 资金成本
> 资金成本 = 投入资本 × 加权平均资本成本[③]
> 投入资本 = 营业资产

每个员工的奖金数额是其年薪乘以一个系数,根据公司的月度在册人数来划分这个馅饼:

> 奖金 = 奖金总额 ÷ 月度在册人数

[①] 经济附加值的英文简称为EVA,全称为Economic Value Added。——编者注

[②] 税后净营业利润的英文简称为NOVAT,全称为Net Operating Profit After Tax。——编者注

[③] 加权平均资本成本的英文简称为WACC,全称为Weighted Average Cost of Capital。——编者注

这样就得出了每个员工可得的奖金数额。不过最终实际获得的金额还会根据员工在钟型曲线上的位置做调整，就是图 6 所示的那张图。

英才项目

员工即使没有资格获得管理层奖金，也可以参加公司各类由不同的地区和部门组织的英才项目。百威英博的这一灵感来源于安海斯-布希，这个项目基本上是各工厂、销售团队以及分销中心之间的竞争。

英才项目通常为每个小组设定一组 5 个集体目标，这 5 个目标都是团队积极追求的。具体的项目说明可以在安贝夫 2003 年年报中看到：

> 这些项目使不同团队的效率最大化。不同团队目标完成度和工作流程彼此竞争，努力获得最佳成绩。基于优胜团队的员工获得额外奖励，连胜三次以上还可获得"大使"的头衔。除了激励员工，英才项目也发挥着削减成本的重要作用。

以销售类英才项目为例。同一区域内的销售团队展开竞争，奖励是利润分享系统的一个系数（类似的逻辑也适用于馅饼尺寸和潜在奖金）。比如说，安贝夫与多数活跃的酿酒业联盟达成了交易，因此能够使用这一策略。竞争失败的销售团队无缘利润分配，而获胜团队得到3倍的奖金。

不拘形式

> 才华横溢的人崇尚简单，那有利于他们成长。
> ——卡洛斯·布里托，2012 Endeavor总裁峰会
>
> 我们相信应当坚持最简原则：决策应当基于清晰、一致的方法逻辑和常识。这就意味着我们要不断避免复杂化，同时改进决策和执行的流程。
> ——百威英博2014年年报

不拘形式是孕育优秀人才的第二个必备因素，它体现在大量不同的情景和场合。

非正式的工作空间能够促进交流和透明化，使高级管理人

员易于接近，同时也是精英体系的基础，因为它也使得平庸的员工难以再躲在紧闭的门后或是角落办公室里。优秀人才也喜欢穿着便装，这样不仅轻松自在，也会营造真理至上的氛围。在这种氛围下，人们无需在乎职级资历，只重视事实和数据。

开放空间布局

如同卡洛斯·布里托在斯坦福大学演讲时所言："我没有专用办公室，我和我的直接下属坐在一个大条桌上：营销人员在我右侧，运营人员在我左侧，财务人员在我背后。"

让所有员工坐在一起而不是用墙将他们隔开，有许多好处。首先，团队之间可以沟通而不用在办公室里走来走去，从而提高交流次数和效率。布里托说，他经常和他的副总开1~5分钟的短会，迅速交流观点并做出决策，而不用检查日程表去会议室和一帮无关人员开会。

开放空间布局的另一个好处是可以防止员工躲在门后做与工作无关的事情。布里托在斯坦福演讲中说道："对于平庸的员工，办公室可以让他们躲在门后玩游戏，诸如此类。"这听起来很刺耳，但通常是事实。员工在办公室里应当工作，想要隐私的员工可以离开，找个安静的地方处理个人事务，但这是例外而非规则。当工作需要保密时，员工可以使用会议室。

开放空间布局另一个重要的优点是易接近，它促进了不同层级员工之间的日常沟通。角落办公室或墙多的办公室增加的是一种有害的尊重，会使普通员工在"妨碍"管理层隐私时感到恐惧和羞愧。但与老板对话不是也不应该被看作"妨碍"，它是正常工作必不可少的部分。

便装模式

巴西三雄的不拘形式在其允许员工穿着便装工作中得以体现。这样做不仅促进了不同层级员工之间的平等交流，也增强了开放空间布局的价值。管理层不再利用他们的职位和衣着强加影响，而是通过以身作则、优良的业绩表现和有力的观点来赢得团队的尊重。

布里托总是穿着牛仔裤，衬衫上绣着百威英博的标志，马塞尔和斯库彼拉也是如此，他们很少穿正装，啤酒厂的销售人员和管理人员也是如此。自加兰蒂亚时代起，雷曼就穿短袖衬衫配卡其色裤子,从未改变过。

扁平化组织架构

不拘形式的公司促成一种环境,它驱使决定的形成来源于最佳论据而非最高层级。任何职位的员工只要观点基于事实且论据充分,都可以自由地参与到讨论中。在这样的环境下,领导者不会藏在头衔背后,并能享受雇用和培养比他们更为优秀的人才的全部好处。

简单

> 常识和奇思妙想一样重要,简单化优于复杂化。
> ——加兰蒂亚十八条商业原则

不拘形式的最后一块基石是简单。很明显,这是一种非常切合实际的模式,被巴西三雄及其公司的高管们用来管理企业和安排个人生活。

只要花时间观看豪尔赫·保罗·雷曼、马塞尔·赫尔曼·泰列斯和卡洛斯·布里托（他们的演讲大量存在）的在线主题演讲，就会发现他们所用的语言都极其简单易懂。他们通常称呼员工为"人才"，而非同事或人力资本；他们谈论主人翁意识而非赋权或问责；他们谈论是要变得卓越、优秀还是碌碌无为——直击要害。

他们管理原则的语言和内容也都富有启发意义：他们赞同模仿最优做法而非重新发明轮子，或是艰苦工作以掌握第一手信息。这些是任何人第一时间都能想到的老旧的劳苦大众的价值观。百威英博的领导者深信优秀员工可以彻底理解问题所在，将复杂的概念转化为整个公司的员工都能够轻松领会的简单易懂的说明。

坦率直接

透明化和信息自由流动使决策容易，使冲突最小。
——加兰蒂亚十八条商业原则
常识和简单化常常比世故和复杂化更具指导意义。
——百威英博十大原则

| 第二章 | **在人才上加杠杆**

> 在大公司,只有好消息才会传达给最高层。
> ——卡洛斯·布里托,Endeavor总裁峰会

营造让优秀人才感觉自在的工作平台,坦率直接是第三个也是最后一个支柱。在这里,人们可以公开讨论,容不下内部政治、隐秘议程和不透明。

坦率直接与不拘形式直接相关,甚至可以作为同一话题来讨论。我选择布里托的三个基石理论来描述,主要是为了便于读者更好地理解公司内部文化。

根据布里托所述,一个坦率直接的工作平台就是:"公司的每一个员工都可以畅所欲言,只要他们表现得体、发言有建设性。"在这里,"员工明白他们的立场基于他们的业绩表现和公司为其制定的目标"。

如果员工认为正在讨论的议题被错误理解或是行动方案被错误执行,他或她可以而且必须能够对其同事和上级发表不同意见。

根据文森特·法尔科尼所述:员工被鼓励畅所欲言,会迸发出极大热情。他们能够说服其他同事并积极执行公司的指令。

赋能式投资
——3G资本的投资并购与投后管理之道

杰克·韦尔奇在通用电气2000年年报中也谈到同样的话题：

> 在大多数大机构中，不拘形式并不被视为一个特别重要的因素。在我们的组织里，不拘形式比成为著名公司更重要。不是指管理人员西装革履巡视工厂，也不是指预留停车位等以职级和地位区分的待遇，不拘形式要比这些深刻得多。在通用，任何人都可以自由表达其看法和观点，并且会被认真倾听和珍视，无关发言员工任何一方的职级高低。今天的公司领导不仅能够在董事会的会议室开会，也必须可以放下身段拨打销售电话。不拘形式不仅是文化特征，还是运营哲学。

法尔科尼也谈到了通过基于事实和数据的讨论不懈追求真理的观念，最优方案必须胜出，不能让职级、资历，或是其他与"真理"无关的主观因素影响讨论。

布里托说，坦率直接的最终结果是"优秀人才乐于知道他们身处何方"。这涉及两件事：第一，领导者为员工提供坦率直接的反馈，可以使团队扬长避短。第二，优秀人才乐于了解公司是否有关乎自己的"重要"计划。他们乐于知道自己已成熟到足以晋升，或是与重大晋升还有几步。

| 第二章 | **在人才上加杠杆**

兼并扩张为人才提供上升空间

世界上那些最具竞争力的公司经常宣扬他们"非升即走（Up or Out）"文化：员工要么因为业绩突出而升职，为后起之秀腾出空间；要么离开公司，被这套体系所淘汰。

为了保证员工向上层不断流动，公司的顶层职位必须经常循环（组织的金字塔架构使得公司的顶层职位很少）。这种造成知识和经验的流失（通常被替代的高管选择为竞争对手工作）及懈怠的高层人事变动是否对组织有害？

这一难题的解决之道在于发展。分析百威英博的历史可知，从收购巴西啤酒商布哈马起，公司就保持了稳定而迅猛的发展。巴西三雄认识到他们唯一的真正可持续竞争优势是其管理模式，所以他们通过购买业务成熟、股权分散、业绩良好、品牌知名但管理不善的企业来追逐增长，用马塞尔·特列斯的话说，"产权不同，结果不同"。收购兼并保证营收增长，管理革新使得公司盈利增长，这是雄心勃勃的员工和股东都满意的结合。

收购兼并使得南极洲啤酒之后的安贝夫和最终的英博

可以不断输出优秀人才到遍布全球的岗位上（私底下，巴西人骄傲地认为他们在接管百威英博的大部分管理职位）。这种上升流动性确保了公司可以为其高管军团提供更多更大的权力、责任和升职机会，同时不必担心高层职位频繁更替的风险。

打造人才工厂

> 我们通常会培养一大批头脑聪明、富有进取心的企业家人才。
>
> ——马塞尔·特列斯，Endeavor总裁峰会
>
> 我们雇佣有潜力做得比我们更好的人才，确保管理层完全吸引他们，激发他们的最佳表现。同时，我们重金吸引优秀人才，开发他们的潜能，设计一系列培训项目和方案为他们创造机会。我们不断改善和增强我们的人才招聘能力，主动学习和开发建立人才输送管道，满足高速成长中的公司不断变化的人才需求，培养下一代的领导者。
>
> ——百威英博2014年年报

第二章　在人才上加杠杆

很难说优秀人才库和快速发展哪一个排在第一位。事实证明，发展与人才密不可分，否则一切都会土崩瓦解。了解了百威英博的人才工厂如何运作，也就在很大程度上理解了他们管理文化的核心是如此倚重人才。

全球管理培训生计划

> 年轻人天生是理想主义者。当试图招募有工作经验的人时，这个人已经经历了许多让他变得有些愤世嫉俗的情境。他听到太多承诺，但亲眼看到大多数人侃侃而谈却不付诸行动。[①]
> ——马塞尔·特列斯，Endeavor总裁峰会

高效实施管理培训生计划是巴西三雄管理模式的标志。

为金字塔的根基招募员工非常重要。百威英博董事会每年都会就此向《基业长青》的作者吉姆·柯林斯咨询。吉姆·柯林斯认为，大多数成功的公司都会为基层招募员工，这样做可以使员工彻底接受企业文化的熏陶，使其受到其他

---

① 此为作者翻译而来。

赋能式投资
——3G资本的投资并购与投后管理之道

不良文化影响的可能性降到最小。

最为简单直接的方法是实施一个管理培训生计划（或是像百威英博一样同时实施几个此类计划）。

公司的年度招聘会持续近六个月，以高管到世界顶级大学路演开始（马塞尔·特列斯做过很长时间的大学宣讲，卡洛斯·布里托和公司其他最高管理层最近也做了不少此类工作）。他们相信，相比其他强大的竞争对手派人力资源部员工去招聘新人，他们这么做可以吸引更多的优秀人才。

按照马塞尔·特列斯某次在Endeavor总裁峰会上讲话可知：

> 我们和那些大型企业短兵相接，在招募新人方面直接竞争。唯一的不同是安贝夫派企业高管去招聘，而竞争对手派出的是人力部门的普通人员。[①]

通过数轮笔试、面试筛选后的候选人，将会再次以更为私人的方式与最高管理层见面，最高管理层将决定是否录用

---

① 此为作者翻译而来。

第二章 在人才上加杠杆

这些最有希望的候选人。这样的做法可以确保招募到的员工与公司文化契合,并且使那些手握多份有竞争力接受函的人最终决定加入百威英博。

2014年,百威英博的全球管理培训生计划从超过94000个候选人中录取了147个年轻的专业人士。这是一个反复淘洗的大型招聘项目。安贝夫2014年年报中写道:

> 实施培训生计划是为了让年轻的专业人才在短时期内获得更为全面丰富的产业认识,掌握公司关键管理职能的能力与技巧。招募过程共七步,从注册报名、在线测试,一直到最高管理层的最终面试。入选的极少数人将会经历一个为期10个月的培训。最初的前5个月,新员工将聚焦在公司的整体认知上,在生产、销售和职能部门轮岗。接下来的培训中,他们将会在公司人才开发团队的支持下,聚焦于公司的某个特定领域。①

除了全球管理培训生计划之外,安贝夫还有一个特别生产培训生计划。这个计划主要招收愿意从事技术工作的

---

① 此段内容由作者翻译而来。

大学生，培养他们成为产业工程师和酿造大师。最后，公司还有一个实习生计划，在大学生毕业之前聘请他们做兼职工作或暑期实习。

工商管理硕士（MBA）

巴西三雄掌控的百威英博和其他众多公司一样，也雇佣顶级商学院毕业的MBA。这最早始于卡洛斯·布里托，他是豪尔赫·保罗·雷曼在20世纪80年代资助的第一个拿到MBA学位的学生。布里托从斯坦福大学毕业后加入了加兰蒂亚，收购布哈马后又去了布哈马工作。雷曼和他的两个主要合伙人后来设立了研究基金会，这个慈善机构为有培养前途的巴西本科生和研究生提供助学贷款。

研究基金会为巴西三雄输送了数量可观的高素质研究生（这一非政府组织最初只向研究生开放，后来资助范围扩展到了本科生）。巴西三雄的公司录用了大量受资助的学生。

百威英博精选来自世界顶级商学院的MBA进入夏季实习计划，录用其中的表现优异者。这与华尔街公司非常相似。

| 第二章 | **在人才上加杠杆**

百威英博 2014 年年报中写道:

> 我们的全球工商管理硕士计划吸引了来自美国、欧洲和香港的顶尖商学院的申请人。这些商学院包括美国的哈佛大学、斯坦福大学、芝加哥大学、麻省理工学院、哥伦比亚大学的商学院,此外还有沃顿和凯洛格商学院,欧洲的伦敦商学院、西班牙 IESE 商学院和中国的中欧国际工商学院。2014 年,我们在 642 名工商管理硕士申请人中录用了 21 个。

升职和人才版图

实习生计划、培训生计划和 MBA 招募计划为公司的人才金字塔奠定了坚实的塔基。通过职位晋升、正式培训、职业转换、破格提拔等方式,公司为最有培养前途的人才提供从基层到最高管理层的发展路径,最终形成一个人才漏斗。

在百威英博,培训十分普遍,它最早开始于 20 世纪 90 年代企业大学计划,布哈马大学就是为此而建。

赋能式投资
——3G资本的投资并购与投后管理之道

百威英博把员工晋升提高到战略层面来处理。如前文提及的，每年团队领导者提名两个接班人选。团队领导者晋升或离开公司后，这两个接班人现在或是在不久的将来有能力接替其领导工作。在安贝夫，人才版图会议会充分讨论这些职务晋升。公司领导人同人才管理部门一起，认真讨论谁应当升职以及派往哪个部门。

公司提倡横向调动，目的是使员工脱离"舒适区"。布里托在高端访谈中提出自己的看法：

> 我们乐于让员工远离他们的"舒适区"。为此我们做了很多，效果不错。比如，我们会让一个在财务岗位上工作了三四年的员工突然转做销售工作。
>
> 我们认为，员工只有在远离"舒适区"后才会得到成长。同样，公司也是在远离"舒适区"后才可以发展。只有员工成长，公司才可能发展。

这些调动都是在人才版图会议上决定的。在这个会议上，管理层讨论未来的晋升将如何提高员工的技能。总有员工准备走上新的空缺岗位，公司的替换成本也就会降到最低。

第二章 在人才上加杠杆

人才成长股

百威英博另一个重要的工具是"人才成长股"。人才成长股是指那些表现突出并且与公司文化契合的富有潜力的员工,这些员工被非正式地标识为"成长股"。公司会在发展机会和职业培训方面给予他们更多的关心和爱护。人才成长股最初被称为"富有潜能者",但是,公司发现某些员工为虚名所困失去了继续努力工作的动力。

保证人才成长股的持续成长,是公司层面的战略目标。

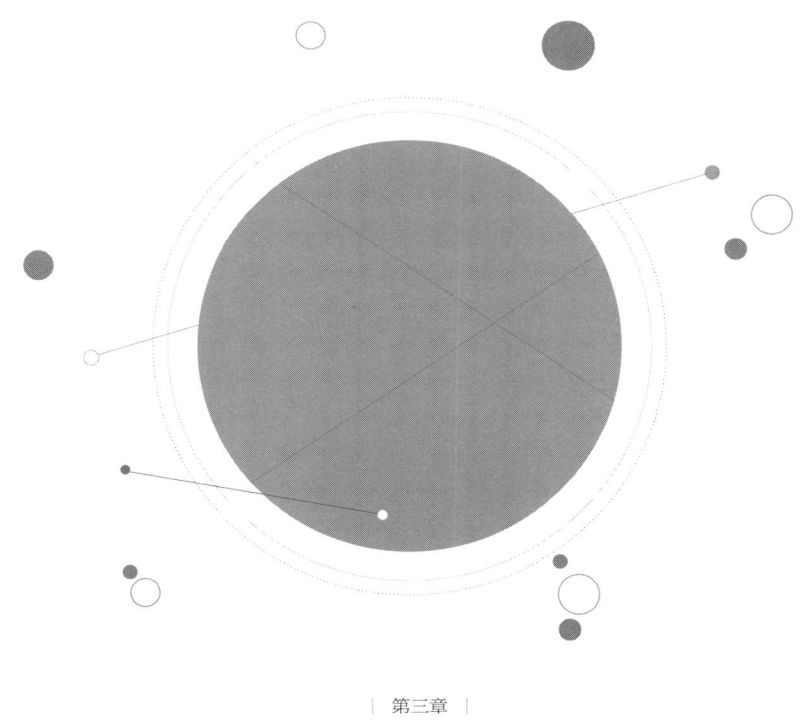

| 第三章 |

树立远大梦想

巴西三雄对加兰蒂亚的某些员工缺乏雄心壮志和努力工作的精神十分失望。他们意识到必须用远大梦想吸引那些不为金钱所动的人才,这些人才更喜欢为了某件伟大的事情而工作,并且希望拥有自主权。

在30年的时间里,巴西三雄的远大梦想一个一个地实现了:巴西最大的啤酒生产商——南美洲最大的啤酒生产商——世界最大的啤酒生产商。2013年,巴西三雄联手巴菲特收购了食品巨头亨氏;2016年,亨氏收购卡夫食品,成为全球第五大食品公司。

远大梦想

> 对大多数人而言，最大的风险不是设定过高的目标而功亏一篑，而是设定的目标太低能够轻松达成。
>
> ——米开朗基罗
>
> 具有挑战性的远大梦想令所有员工朝同一方向前行。
>
> ——加兰蒂亚十八条商业原则
>
> 共同的梦想激励着每个员工努力工作。我们要成为最佳啤酒公司，携手你我酿造更美好的世界。
>
> ——百威英博十大条原则

豪尔赫·保罗·雷曼、马塞尔·特列斯、贝托·斯库彼拉和其他高管不厌其烦地谈论远大梦想。雷曼说："要永远胸怀远大梦想。要为远大梦想和短期目标付出同等努力。"

这意味着什么？

远大梦想意味着一个具有雄心壮志的宏大目标。这个目标通常会在公司门厅显示，相比使命和愿景而言更为具体和客观。

可变薪酬和股权是激励员工的有力工具，可以为员工提供改善生活的真正机会。但这还不够。

在加兰蒂亚，钱不是问题。投资银行的几个前合伙人极其富有，某种程度上是因为他们在公司获得了难以置信的高额奖金。有很多传言说，前合伙人在拿到年度奖金后大肆挥霍，购买直升机、跑车和奢侈品。根据 *Dream Big* 作者克里斯琴·科雷亚所述，巴西三雄对员工缺乏雄心壮志和努力工作的精神十分失望。一个非常明显的证据是，只有极少数的加兰蒂亚合伙人参与了巴西三雄的其他生意。

《驱动力》（*Drive*）的美国作者丹尼尔·平克（Daniel Pink）认为，在我们大脑前额叶所控制的通常的奖罚系统之外，激励因素如目标感（为某件伟大的事情工作）和自主权（为目标而独立工作）是可以相互替代的。

吉姆·柯林斯也研究过这一话题。他创造了术语BHAG

第三章 树立远大梦想

（Big，Hairy，Audacious Goals），即伟大、刺激、大胆的目标。他认为那些以具有挑战性的伟大目标来激励员工的公司会最终取得成功。

有了这些认识，巴西三雄意识到他们必须用远大梦想吸引不仅仅为金钱所激励的人才。为此，马塞尔·特列斯为布哈马确定了第一个远大梦想：成为巴西最大及最好的啤酒酿造公司。

收购南极洲啤酒后，他们的第一个远大梦想瞄准了拉丁美洲的市场主导地位，继而通过新的投资和并购开始了富有进取心的扩张。

收购英特布鲁后，巴西三雄开始梦想控制世界啤酒市场，2008年收购安海斯-布希后，这一梦想成为现实。很难预料接下来会发生什么。有人说百事甚至可口可乐会是巴西三雄的下一个目标。在巴西三雄成功地联合沃伦·巴菲特收购亨氏后，这些传言越来越有可能成为事实。

将梦想转化为阶段性目标

远大梦想并不仅限于董事会讨论、战略规划和营销设计。按照文森特·法尔科尼在20世纪90年代的研究，远大梦想是公司基于目标的管理体系的基础。

远大梦想是公司预计在三至五年达成的长期商业目标。公司应当将其分解为年度计划,并进而分解为从总裁到每个普通员工的具体目标和任务。

在《真实的力量》(*True Power*)一书中,文森特·法尔科尼用一张图表高度概括了这一体系。他用简单易懂的假定事例填满了这张图表。

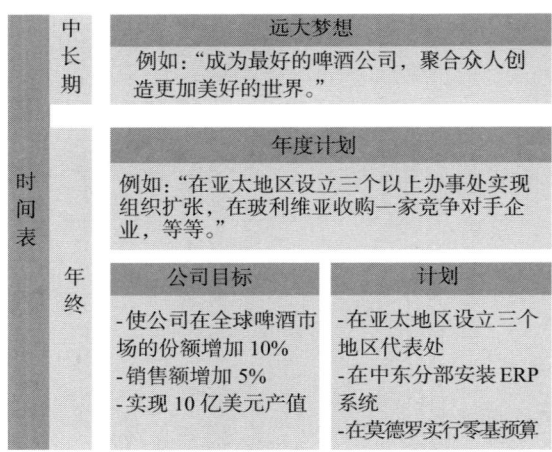

图7 远大梦想的具体目标分解

通过这种方式,公司形成了让所有人"朝同一方向前行"的共同理念。远大梦想被分解为公司的年度目标,接着

| 第三章 | **树立远大梦想**

是从总裁、副总、主管直到普通员工的具体目标。他们全都被公司的伟大目标驱动,所有人的方向一致。

分解目标

文森特·法尔科尼开发了一套系统性的目标分解体系,这也是他对巴西三雄管理模式的主要贡献之一。

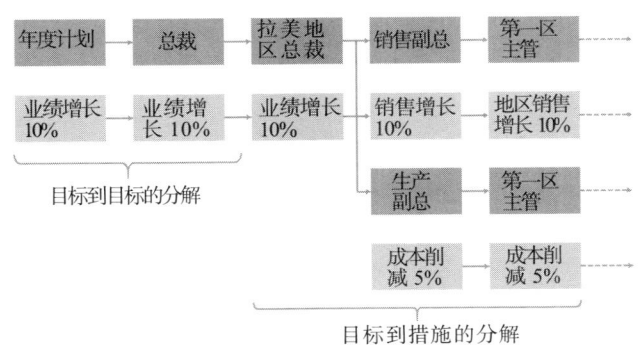

图8 目标分解

资料来源:文森特·法尔科尼,作家

A类分解:目标—措施

某些目标能够被分解为措施,若不能被分解,则它是将要采取的行动。

措施是能够达成目标的分解动作。比如，为达到更高的息税折旧摊销前利润，公司必须增加销售额，或降低成本，或减少费用，或提高生产率。这些都属于具体措施。

当一个目标被分解为若干措施时（特别是附加了时间限制的），这些措施本身必须可以成为相关人员的目标。例如，总裁的息税折旧摊销前利润目标可以分解为销售措施，并成为销售副总裁的目标。

文森特·法尔科尼将这种目标—措施的分解称为A类分解，如下图所示：

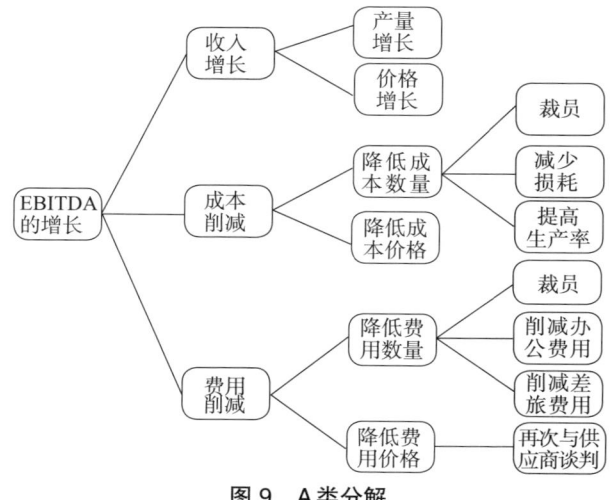

图9　A类分解

| 第三章 | **树立远大梦想**

B类分解：目标—目标

有些时候，目标无法被分解，因为它们是某个人的具体行动，但是这些行动可以传递给有同样目标的员工。比如：对于全球销售副总和在纽约或圣保罗的销售代表而言，销售增长的目标就是这种情况。虽然他们所辖区域大小不同，但有同样的目标。

缩小差距与精进之法

差距是现实和目标之间的差异，也可以被称为"问题"。差距有两种主要类型：

> 1.可以提升的差距
>
> 可以提升的差距是指公司需要定性或定量的业绩，提升时有可能完成改进的差距。用上一节所举的例子，提升息税折旧摊销前利润10％就是一个可以改进的差距。

赋能式投资
——3G资本的投资并购与投后管理之道

> 2. 可以改进的差距
>
> 可以改进的差距产生于当某些核心运行指标落后于预先设定的标准时。比如说,一个工厂工人的目标是误差水平不超过1‰(1000瓶有1个错误封装),如果他的误差水平上升到2‰,他就有了一个改进目标以回到正常水平。

如何弥补差距?

通过弥补差距,公司可以达成其目标。如何弥补差异也是文森特·法尔科尼教授对巴西三雄管理模式的贡献之一。法尔科尼称之为"方法"。这个称呼的灵感来自17世纪晚期的文艺复兴,那时"科学方法"的定义被首次提出。牛津词典如此定义"方法":系统观察、测量、实验、公式化、验证并修订假设。

从实践的角度而言,科学的方法可以被描述为解决问题的框架。用来弥补差距的工具是PDCA循环[①],也就是计

---

① PDCA循环的概念最早由质量管理大师戴明提出,又被称为"戴明环"。——编者注

划—实施—检查—改进（Plan–Do–Check–Act）。

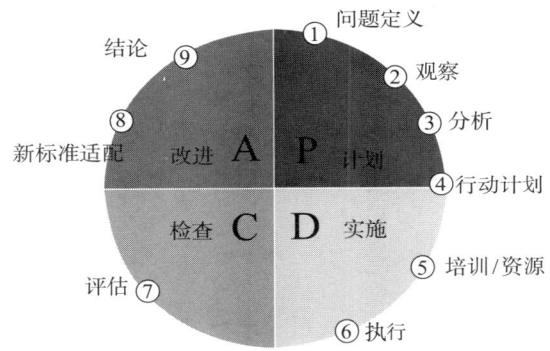

图 10　PDCA（计划—实施—检查—改进）循环

如果我们仔细研究PDCA循环和它在差距弥补上的应用，就可以像下图一样标示：

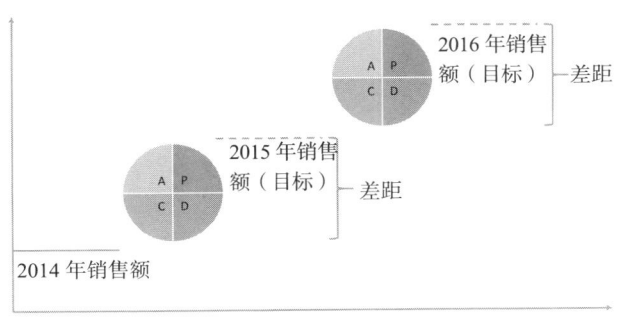

图 11　可以改进差距的PDCA应用

当PDCA循环用于弥补可以改进的差距时,它被称为SDCA,如下图所示:

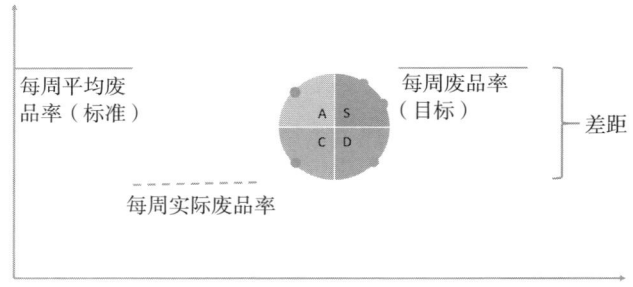

图12 可以改进差距的SDCA应用

差距举例

科学家通常从定义需要解决的问题(或需要证实的理论)开始做研究。比如,百威英博的某个员工可能想弄清楚为何洛杉矶一个普通社区的产品销售额下降了10%。

他会根据销售额下降的问题做出一个假设。比如,他可能推测这是由本地一次大规模的政治示威所导致的。

下一步就是观察问题的发展,分析可能的原因。在PDCA分析中有两个主要工具:五个为什么分析法和鱼骨图。

五个为什么分析法

五个为什么分析法是直达问题根本的方法。当人们停留在问题的第一层面（即第一个为什么）时，有可能会忽略问题的根本所在。运用这一工具，人们可以连问五个为什么（或是足够多的次数），直到找到问题的最根本原因。

举例说明：

> **问**：销售额下降10%。为什么？
>
> **答**：因为示威游行。
>
> **问**：为什么示威游行会影响销售？
>
> **答**：因为一些街道被封锁，我们的货运卡车无法到达零售商店。
>
> **问**：为什么不使用更小的卡车送货？
>
> **答**：因为我们没有更小的卡车。

就这样，通过追问，可以找到销售额下降的根本原因，而不只是归罪于游行示威，答案应该更为具体明确。

找到根本原因通常能促使解决问题的方案出台。在这个案例中，解决方案就是购买更小的卡车，在下次发生示威游行时使用。如果这种方式确实有效,能让销售额回升,公司就可以制定一项新的标准,为应对此类事件而购买更小的卡车。

鱼骨图

鱼骨图也称为石川馨图或因果图。五个为什么分析法是做推理的工具,鱼骨图则是描绘原因的最好工具,它可以清晰地描绘出所有涉及因素。下面是用鱼骨图分析同样的案例:

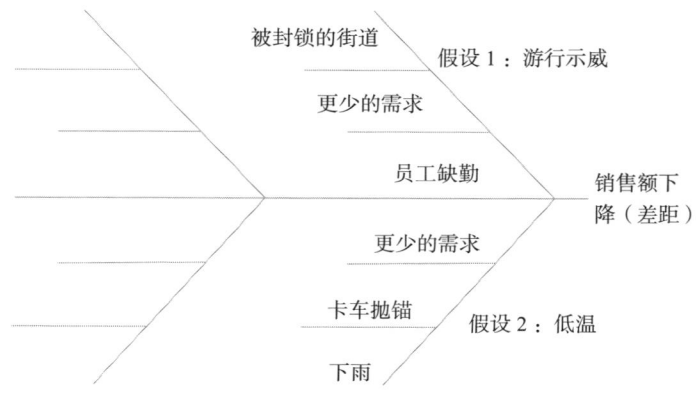

图13 鱼骨图应用

| 第三章 | **树立远大梦想**

高级工具

五个为什么和鱼骨图是基本分析工具,可以解决全世界公司面临的绝大多数问题。

当公司面临更为复杂的问题时,将需要更为复杂的分析工具,例如Excel(基础)和Matlab(高级)这样的统计软件。

这类分析是内部专业咨询人员的职责。他们接受了六西格玛培训(全面质量管理的升级版),并根据专业水平有不同的评级。这个评级类似于日本柔道,从白带一直到黑带,覆盖整个组织。

这些专业人士分析问题并提出解决方案,以此为生。

差距的重要性

差距在百威英博是一个永恒的主题。公司及其高管密切关注当下与未来的差距(随后差距被分解为公司的目标)。

柯林斯说:伟大、刺激、大胆的远大理想是为了将员工团结在一个共同的、更为卓越的目标下,令他们增长才能,超越他们自我设定的极限。

布里托说:"梦想比使命和愿景更能激励我们。使命适合军人,但我不知道愿景适合什么人。"

而法尔科尼认为,目标是指公司如何达成梦想,这样就必须使人们才能增长。按照他的说法,员工目标的80%可以凭借现有能力达成,剩余的20%就需要员工付出更多的努力[①]、增长能力方可达成。布里托总结说:"梦想必须够高,你能明白如何完成其中的80%,但剩下的20%必须在做的过程中学到。"

差距和能力增长的要求都可以使员工远离舒适区,并且创造了一种适度的压力。布里托相信百威英博吸引了那些在压力之下发挥最好的人才,但这种文化并不适合所有人。"人类是理性的,会最优化身体的能量输出,使其处于刚刚够用的水平。这就是抬高标准的重要性所在。"

---

① 请原谅我的陈词滥调。——作者注

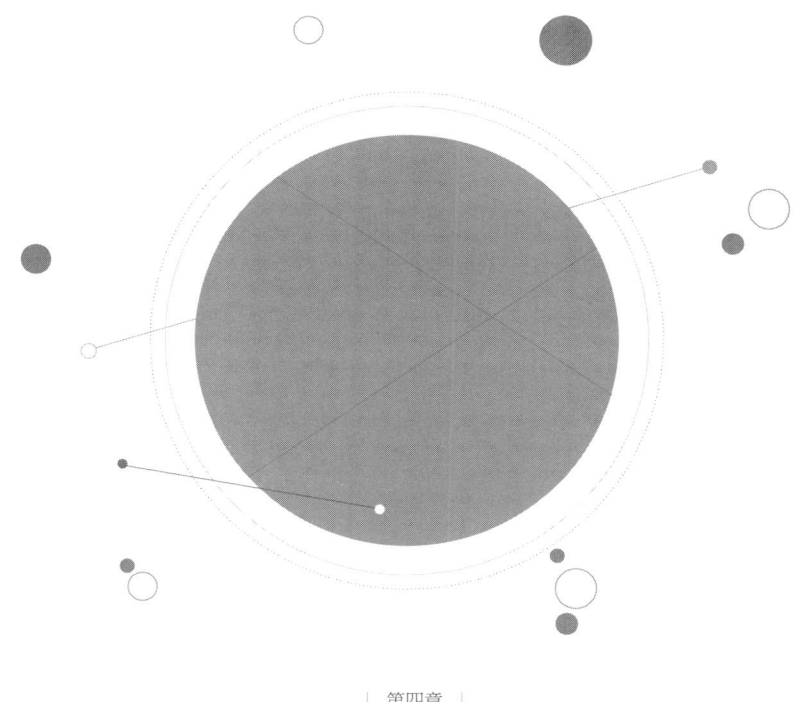

| 第四章 |

文化制胜

巴西三雄期望公司的每一个员工都有主人翁意识。具有主人翁意识的员工深思熟虑,全身心致力于公司成功,对自己的选择和行动天然具有使命感。卡洛斯·布里托开玩笑说:"人们对待自己的车总比对待租来的车要好一些。"

公司推出了合伙人模式,为优秀员工融资,帮助其购买公司股权,并且鼓励员工长期持有,使员工、老板、股东共负盈亏,将个人的财富与公司前途紧密相连。

主人翁意识

> 每件事都有相应的权力者和责任人。讨论固然有益,但最终必须有人做出决定。
>
> ——加兰蒂亚十八条商业原则
>
> 我们的员工都是企业的主人翁。主人翁将主动承担责任。
>
> 我们对所取得的成果永不满足,这也正是公司前进的动力。专注和从不满足有助于保证持久竞争优势。
>
> ——百威英博十大原则

巴西三雄期望公司的每一个员工都拥有主人翁意识,

这使得从诸如清洁工厂地板这样最简单的日常事务到公司战略方向，都变得大不一样。具有主人翁意识的员工深思熟虑，全身心致力于公司的成功，对自己的选择和行动天然具有使命感。

在公司网站、商业原则、年度报告以及由巴西三雄及公司高管们所作主题演讲中，多次提及主人翁意识。如百威英博2014年年报中所写的：

> 在我们的文化中，团队成员像主人翁一样思考和行动。他们视公司业绩增长为个人事务，努力作为，乐于承担责任，做决定时优先考虑公司的长期最佳利益，做事专心致志、精益求精、诚实正直。这种主人翁意识在紧凑却可以完成的目标中得到强化，并且保证所有团队成员在达成目标的过程中清楚各自的角色。高级管理人员和业绩表现最佳的员工通过激励计划可以按照公司的分配计划将奖金投资于公司的股票。不过，我们的主人翁文化不仅仅是拥有股份，而是一种责任感——对消费者恪守承诺，为股东创造价值，传递我们的梦想。

| 第四章 | **文化制胜**

主人翁文化的第一支柱是,基于可变薪酬体系的有效目标分解系统。一旦员工真正为公司的成功贡献了力量,他们就能真切地感觉到自己的生活变得更好。反过来说,这也是股东们的成功。

研究大多数华尔街公司巨额奖金的分发情况,我们可以得出结论,仅有可变薪酬体系还远远不够。雷曼兄弟和贝尔斯登公司①都有规模巨大的可变薪酬体系,但他们的薪酬激励并没有带来利益的一致性,高管们并没有像股东那样思考问题。

另一方面,大多数财富500强公司都有某种股票期权计划(员工有权利而非义务,在未来某个时点以一个预定的价格购买公司股票)。这会使高管和股东结盟或统一战线吗?很遗憾,并没有。多数财富500强公司的业绩表现乏善可陈,在美国股票市场也表现平平,高管们普遍认为通过这些计划赚到钱的可能性不大。对于高管而言,股票的涨跌与其无关,但对股东非常重要。如何解决这个难题?

---

① 贝尔斯登公司:美国金融服务公司,原华尔街第五大投资银行,2008年金融危机中濒临破产,被摩根大通收购。——编者注

合伙人模式：超越股票期权和奖金

> 除了可变薪酬体系，那些长期服务公司、真正融入百威英博文化且业绩出众的员工，还有机会参与股权激励计划。通过这一计划，他们能够以比市场便宜10%的价格购买公司股票，但必须持有股票5年以上。
>
> ——安贝夫2003年年报

从上述年报可知，业绩突出、最为忠诚的高管（在全球10万余名员工中大约有700人）被邀请以低于市场价格10%的价格购买公司股票。这一计划源自高盛，在加兰蒂亚得以完善。

虽然员工有机会购买公司股票，却通常需要以现金支付（公司可以给予资助）。另一方面，股票期权计划中的股票在等待期结束之前并不需要现金实际购买，并且股票到手后可以立即出售，这一过程甚至不需要使用现金。马塞尔在接受 *HSM* 杂志采访时说："我们不愿员工卖出他们的股票期权，在某些短期市场机会中谋利，所以我们在股票出售之前设定了一个最短等待期。"

在合伙人模式下,员工真正和他们的老板、股东共负盈亏(他们实际已是)。他们使用奖金偿还融资,购买股票,将个人财富净值与公司股票紧密相连。

责任感

责任感是主人翁意识的另一个重要方面。公司的每一件事情都有对应的责任人,责任人对流程、决策或项目的结果负有明确的责任。

许多企业文化鼓励集体思考和决策,这会导致责任不够明确。在百威英博,情况完全相反。

比如,在编制公司预算这一平常的事项中,主人翁意识发挥了十分重要的作用。巴西三雄的公司全部实行零基预算,这一策略我们将在下文详细介绍。

在零基预算矩阵中,每个成本中心或费用中心都有一个责任人,比如,人事管理部门有一个预算责任人,财务部、销售部和供应链等部门也都有。责任人负责为其团队管理预算和费用,并确保二者紧密联系。

矩阵中是预算所需的各种不同费用，诸如办公用品、差旅费用、员工工资、社会保险、健康福利，等等。有趣的是，这些线条后的每一个项目即费用"组合"也在组织中有对应的责任人。这个责任人应当熟悉了解这个项目，负责谈判更优的条件，从而确保公司的整体预算不会超标。这一机制确保费用始终在控制之中并尽可能地削减。毫无疑问，每个"组合"责任人（部门预算责任人）都有与其绩效相挂钩的目标。

单位：百万美元

	单元负责人	副总	副总	首席运营官	总计
组合业主	组合/单元	人事/管理	销售	供应链	组合总计
人事经理	工资名单	50	300	150	500
采购经理	供应链	5	45	10	60
供应链主管	差旅	1	25	20	46
融资经理	咨询	3	5	5	13
财务分析师	保险	0	5	10	15
	单元总计	59	380	195	

表1 零基预算矩阵

拥有一大群主人翁的好处

从新人招募到合伙人计划，巴西三雄的公司一直在寻

| 第四章 | **文化制胜**

求具有主人翁意识的员工。正如前面所分析的,主人翁们干得又多又好。这就是为什么高管们花费大量时间关注初级员工,确保他们也能从长远考虑,拥有职业伦理,全身心地投入到公司的伟大事业中。

首先,具有主人翁意识的员工以公司事业为己任,所以眼光长远。卡洛斯·布里托开玩笑说:"人们对待自己的车总比对待租来的车要好一些。"因为车是他们自己的,发生事故的结果要由他们自己承担。换句话说,主人翁们是与公司生死相伴的人。

发行股票期权时设定非常严格的行权条件也可以促使人们长远思考。特列斯在接受 *HSM* 杂志采访时说:"我们不愿让员工卖出他们的股票期权,在某些短期市场机会中谋利,所以我们在股票可以被出售之前设定了一个最短等待期。"员工们同样注意到有一个不成文的期望,公司希望他们尽可能多地持有公司股票,尽管出售股票购买价格合理的公寓,或是在诸如结婚和孩子方面的支出和投资也可以接受。

其次,巴西三雄将务实态度看作优秀人士的基本品质,正如卡洛斯·布里托在斯坦福大学所说:"在学校里,无论发生什么,你必须应付期末考试。你可以寻求帮助,但最终你才是需要坐下来答卷的人。运动场上也是如此，如果你的团队即将输掉比赛，你应该尝试改变战略或做些什么。"

另一方面，如果员工不够关心如何解决他们所面对的问题，将会令公司有受损的风险。他们把应负的责任抛给了公司。正如布里托所说：

> 当你进入企业，突然之间你发现或意识到公司里有更高级别的员工或领导存在。于是当你遇到问题时，你会想："是的，我确信公司将解决这个问题，他们会告诉我该如何做。或许他们正在考虑这件事情。"

但是公司是建立在全体员工集体行动的总和之上的。巴西三雄喜欢那些能够独自处理问题并寻找解决方案的员工。

为了鼓励这种务实的态度，公司会给予员工更多权力和自主权以寻求解决方案。当然，授权的幅度与员工的职能和资历相匹配，使他们可以为自己的决策负责，确保公司有成果、有收获。

这与鼓励员工不断地向领导提供改进意见的丰田生产体

系相似,如《驱动力》作者丹尼尔·平克所说:"自主性是主要激励因素。"

对标管理

> 常识和奇思妙想一样重要。简单化优于复杂化。
> 创造新价值的改革非常有用,但是模仿已经成功的实践往往更容易。
> ——加兰蒂亚十八条商业原则

巴西三雄管理模式的一大特点是兼容并蓄,只要有可能,他们就学习世界上的最佳实践并加以改进利用,而不是耗费大量金钱和时间闭门造车。为了在本书说明这点,我大量引用了已公开的通用公司年报、高盛的商业原则和山姆·沃尔顿自传中的内容,还包括丰田生产方式,它们给了巴西三雄巨大的灵感。正是这些已有的伟大实践支撑了法尔科尼教授在布哈马、安贝夫、英博和百威英博的管理行为。

巴西三雄谈论起他们的文化时十分谦虚,甚至过于谦逊了。这也使我们可以管窥这种文化是如何形成的。雷曼在接受 *HSM* 杂志访谈时说：

> 高盛对我们的影响最大，它大概是世界上最好的投资银行。从高盛那里，我们学到了精英体系、高强度的员工培训以及要给员工持续成长的机会。从沃尔玛的创始人山姆·沃尔顿身上（在收购美洲商店连锁集团后，雷曼和他的合伙人向世界顶级零售商沃尔玛发出了寻求"帮助"的邮件，并得以拜访沃尔玛），我们明白：只要有耐心和毅力、不走捷径，激励员工，善待顾客，我们就一定可以获得宝藏。我们还阅读了有关杰克·韦尔奇的所有材料，对我们而言，通用的年报如同"圣经"。基于这三家榜样，以及我们在商业实践（加兰蒂亚、美洲商店连锁集团等）中的心得，我们得以建立自己的文化体系。

在创立加兰蒂亚的时候，巴西三雄拜访了高盛[①]。在收购美洲商店连锁集团之后，他们拜访了沃尔玛，向其学习零售

---

① 学习其合伙人制度。——编者注

| 第四章 | **文化制胜**

生意之道。不为人知的是，他们在收购布哈马时拜访了安海斯-布希。对安海斯-布希的欣赏随后演变为强烈的收购愿望，并最终引导他们成功收购。前安贝夫总裁麦吉姆·罗德里格斯曾说：

> 对标管理适用于任何行业。运营安贝夫时，特列斯和我环游世界寻找良方。我们拜访了安海斯-布希、康胜和其他众多的啤酒厂，试图学习他们的最佳实践。

聚焦

> 聚焦非常重要，不可能每件事都做得很好，要将精力集中到少数真正重要的事情上去。
> ——加兰蒂亚十八条商业原则

聚焦可能是最被滥用的管理名词之一。几乎每个公司都会提到以客户或业绩为中心，但它确实是巴西三雄公司日常活动的驱动力。

赋能式投资
——3G资本的投资并购与投后管理之道

聚焦有多种表现方式：客户导向、战略和非战略成本费用。

客户导向

> 我们文化的核心要素是以消费者为中心。为此，我们传递品牌价值，制造质量上乘的产品，以负责任的态度为客户提供一流体验。我们尊崇啤酒工艺传统，用最新科技和媒体与消费者相连。
>
> ——百威英博 2014 年年报
>
> 消费者至上。我们提供优质品牌体验，以尊重和有益之道服务于顾客。
>
> ——百威英博十大原则

和宝洁、联合利华等成功的大型消费品牌一样，百威英博努力进行产品创新，以适应消费者变幻莫测的消费习惯和潮流。说起学习如何以消费者为中心，还有一个有趣的故事。

20 世纪 90 年代，当布哈马决定拓展阿根廷市场时，它派出了由年轻高管们组成的公司第一支海外远征队。公

| 第四章 | **文化制胜**

司选择销售在巴西市场常见的0.6升装啤酒。但是阿根廷和乌拉圭用的是1升装而非0.6升装瓶子，两种瓶子高度一样，只是1升装更粗，可以多装几乎50%的啤酒。这是一场惨败：人们把它们当作一个巨大的长颈瓶，直接拿瓶子喝。

那是很久以前的事情了。现在，百威英博真正做到了以客户为中心，在全世界引领市场创新走向。百威英博2014年年报描述了新创的增长驱动平台战略：

> 人们以不同的方式、在不同的时间，因不同的原因聚在一起，为共享特别的体验，为享受美食的愉悦，为球队喝彩或是聆听某个乐队①，或是为了漫长一天之后的放松憩息，为了在家里招待朋友和家人。
>
> 我们相信，我们的成长取决于理解人们聚在一起的原因，使相遇变得更好。为此，我们不断寻求了解潜在消费者的见解、品牌忠实用户的偏好，人们相聚的原因以及他们所珍视的体验。

---

① 原文为brand，由上下文推测应为band，乐队之意。——译者注

基于这些洞察，我们建立了一个增长驱动平台（GDP），它是用来表现购买和消费我们产品的主要场景。我们调整市场营销、产品销售、产品开发和其他品牌建设活动，使它们与增长驱动平台保持一致，确保为各种相聚的人们提供美好的体验和优质的产品。

基于此，公司创新性地研发了家庭套装：这使得巴西的年轻人在家庭聚会时可以购买含"咖啡因"的苏打饮料，或新型的混合鸡尾酒Mojito，以及为非啤酒饮用人士准备含有玛格丽塔[①]的百威淡啤。

战略和非战略成本费用

以客户为中心在百威英博以另一种有趣的方式体现，公司2014年年报很好地做了描述：

我们力求化"无效成本"为"有效成本"，削减辅助项目费用，同时投资于品牌建设、市场营销、销

[①] 玛格丽塔（Margarita）是一种用龙舌兰配置的鸡尾酒。——编者注

| 第四章 | **文化制胜**

售工作、交易管理和其他可以促进营业收入和利润的项目。

鲍勃·菲佛（Bob Fifer）写的《利润翻倍》（*Double Your Profits*）一书鲜为人知，巴西三雄却深受启发。他们将从这本书里学到的管理思想，不厌其烦、经年累月地传递给高管。这种管理思想要求在产品研发、市场营销和品牌塑造等活动中削减成本和费用，从而战胜花费过度的竞争者。

非战略成本费用是指不会直接影响公司总收入和账面利润的成本和费用，如办公用品、中层管理开销、差旅费用、餐饮费用，等等。应当毫不留情地削减这类费用，用百威英博一个前高管的话说："费用会像指甲一样滋生。"①

战略成本和费用会增加公司总收入和账面利润。广告宣传、品牌塑造、市场营销、研究和开发都可以被视为战略成本费用（取决于公司如何看待这些活动）。按照菲佛的观点，伟大的公司在非战略成本费用方面比竞争对手更为节省，而在战略成本费用方面的花费远远超过竞争对手。

---

① 此话由卡洛斯·布里托所说，也可译为"所有的成本都像手上的指甲一样，需要定期的修剪。"——译者注

提升领导力

> 以身作则是我们企业文化最重要的导向。我们说到做到。
>
> 我们将根据其团队素质来评判我们的领导者。
>
> ——百威英博十大原则

卡洛斯·布里托认为,领导是"为了达成目标而需要一支团队"的人。马塞尔·特列斯和文森特·法尔科尼将领导定义为率领团队(即人才)以正确的方式(即文化)达成目标(即梦想)的人,正是这一定义启迪了梦想—人才—文化三位一体理论。

达成目标是百威英博最低的工作要求。整个公司从上到下每个月召开大量会议来检查员工的工作完成情况。但是团队达成目标也非常重要,百威英博的文化和价值观认为团队达成目标会使个人业绩更为突出。文森特·法尔科尼在《真实的力量》中用一个有趣的图表总结了领导者的日程。

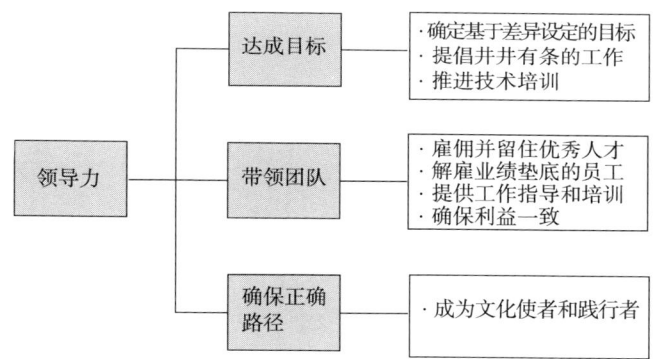

图 14 领导者的日程

资料来源：文森特·法尔科尼，作家。

百威英博 2014 年年报里写道："我们的领导者为公司树立了很好的榜样。他们必须做出成绩，兑现承诺，激励团队有所作为。领导者从不投机取巧，也不会将其个人利益置于公司、客户、股东、员工和社会的利益之上。"

文化契合和团队精神是公司全体员工年度 360 度评测的主要内容。不同于年度奖金的绩效评定，在年度 360 度评测中，领导者会被下属、同事和上级领导考核是否遵循了百威英博文化基石的十大原则。

培训

公司授权领导者招募比他们自己更为优秀的人才，培训、赋予挑战并留住他们。挑战及培养是并行的行为，培养人才是巴西三雄的公司持续关注的事情。

如前面所说，给人才以挑战能使他们远离舒适区。但是，如果没有辅之以为每个位置储备接班人，和为接受挑战的员工提供新岗位必需的技能培训，这种赋予挑战就会显得鲁莽且不计后果。

正式培训计划最早开始于1995年，那时布哈马建立了布哈马大学，启动了第一期企业工商管理硕士项目，内部笑称其为"布哈马管理硕士"。那时，布哈马研究所也在进行相关培训，这个带有公司福利性质的机构后来被并入了安贝夫大学。现在在巴西，安贝夫公司的工商管理硕士学位得到了国家教育部的认可，它与巴西的一些顶级商学院共同设立了联合机构。

布哈马大学后来成为安贝夫大学，2012年时它已发展成为一个庞大的实体，可以提供68000门线上线下课程，每

| 第四章 | **文化制胜**

年拥有3200万雷亚尔①（大约1000万美元）的预算，分配于1500个不同的项目。最初，这些项目主要集中于五个主题：卓越运营、企业文化、领导力、管理和市场营销。收购安海斯-布希后，百威英博大学统一负责所有的培训。课程被精简为三大体系：

> 技能训练：教授员工履行职责时所需的必备技能。
> 文化和领导力：助力员工承担领导者角色，并灌输公司文化价值观。
> 方法技能：培训员工解决问题（或缩小差距）的技能，诸如五个为什么、统计工具等。根据成绩，学员会被授予白带、绿带和黑带三种代表不同水平的腰带。

公司每年召开年度"最佳实践"大会。案例随时可以提交给由高管组成的小组评估，评估小组对案例进行分级排序，并为最优案例颁发奖金。接着，获奖者周游世界，在特定区域的大会上分享其最新的标准化管理实践，使得先进经验快速有效传播。员工们都被鼓励参与此项目。

---

① 雷亚尔是巴西现在通用的货币。——编者注

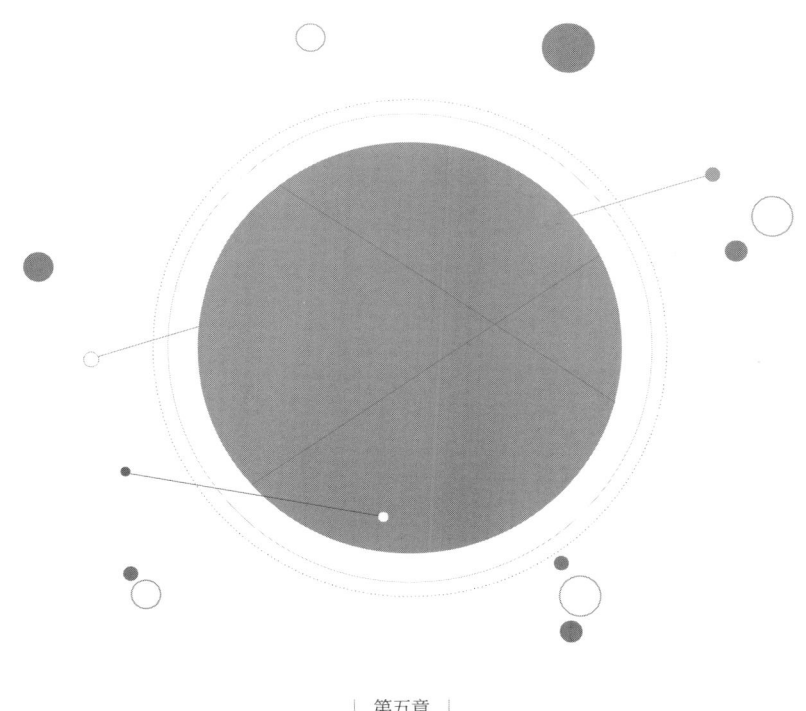

| 第五章 |

卓有成效的运营管理

加兰蒂亚十八条商业原则之一是:"偏执地控制成本和费用,因为这是唯一我们可以控制的变量。"

在法尔科尼教授的指导下,巴西三雄旗下的所有公司都应用了一整套降本增效的方法,几乎世界上所有的成功经验都被借鉴和运用,这些方法包括丰田生产方式、全面质量管理体系、对战略成本和非战略成本的划分、零基预算,等等。

在这一整套降本增效打法的支持下,巴西三雄攻城略地、所向披靡,将一个又一个世界级品牌收入囊中。

不断进行效率改善

除了将远大梦想分解落实到每一个员工的目标管理系统之外，文森特·法尔科尼还将源于布哈马的管理大量应用于百威英博的生产实践中。

这一切始于1991年。当时巴西发生了严重的通货膨胀，政府出台了大量的经济拯救政策，布哈马啤酒的价格因此被人为冻结。马塞尔·特列斯专程前往行政首都巴西利亚，试图说服政府的行业监管部门允许他提高啤酒价格。在一次法尔科尼咨询公司的演讲中，特列斯回忆：

> 在20世纪90年代，我需要说服工商业部允许我涨价。我去拜访多萝西娅·文耐克部长。部长问

赋能式投资
——3G资本的投资并购与投后管理之道

我:"特列斯,你知道全面质量管理吗?"我说:"是的……(回答得很勉强)"。部长很高兴,建议我去拜访文森特·法尔科尼教授。

我去了米纳斯吉拉斯拜访教授,也就是从那时起我们开始了合作。我们需要教授帮助建立流程落实文化。国家或公司的最高领导者坐在驾驶舱里发号施令"给油,右转,左转",他们并不直接参与内部工作。

法尔科尼做了很多工作。我们则把我们的管理方式同他的系统组合在一起。法尔科尼在巴西是一个效率和管理的布道者。对我们而言,他是公司的关键人物。这种管理模式应用在管理加兰蒂亚的250名员工和运营布哈马、安贝夫。老实说,没有他提出的流程管理和目标分解,我们将一事无成。

多萝西娅·文耐克认为全面质量管理将帮助布哈马提高生产率,从而弥补其不能涨价的损失。

特列斯去了贝洛哈里桑塔,法尔科尼在那里的大学工程学院任教。法尔科尼拥有米尔斯大学的工程学学士学位和

第五章 | 卓有成效的运营管理

科罗拉多矿业大学的博士学位。他研究源于管理学院的各种工具和体系，它们受到爱德华兹·戴明创立，丰田的大野耐一[①]、新乡重夫[②]和丰田英二[③]发展完善的研究成果的影响。

丰田曾经面临棘手的问题。亨利·福特创立的大规模生产系统适合美国市场的大批量生产。但战后日本是一个小得多的市场，无法消化大规模生产系统生产出的巨量产品。日本消费者更喜欢定制化和多样化，当地汽车制造商别无他法，只有尽可能最大提升小批量的生产率，以适应日本市场的较小容量。

法尔科尼深入研究了这些管理思想，并将其大量地引入巴西。他基于丰田管理方式的特点开发出了一整套的管理模式。他的著作被翻译为英文出版，很受商人和经理们的推崇（可以在亚马逊上搜索"文森特·法尔科尼"）。

---

① 大野耐一：丰田生产方式的创始人，被日本人称为"生产管理的教父"。——编者注

② 新乡重夫：丰田生产体系的创建人，"制造业的诺贝尔奖"——"新乡奖"为纪念其而设立。——编者注

③ 丰田英二：曾任丰田汽车公司的社长，创造了"丰田神话"，将"丰田"汽车发扬光大。——编者注

制造项目

20世纪90年代,布哈马在里约热内卢开设了一家名为Nova Rio的新工厂。新工厂投资超过3亿美元,用来向里约市场供应啤酒。当时,里约市场的啤酒都是由300公里外的圣保罗工厂供应的。运输费用使啤酒变得昂贵。

尽管拥有强大的生产能力和最先进的技术,Nova Rio的产量却很少达到其生产能力(20亿公升)的60%,管理层找不到原因。卡洛斯·布里托在法尔科尼教授的协助下着手分析问题。答案就是"制造项目",它是包含生产标准、最佳实践、标准化流程、例行程序的一整套体系,后来成为安贝夫各个工厂的框架,并先后被引入英博及百威英博。法尔科尼还根据这个项目写作并出版了《日常工作管理》一书。如同安贝夫在2003年年报所示,这个项目达到了预想的效果:

> 为了提高我们制造工艺的效率,安贝夫实施了制造项目,使得我们的生产线开发出标准化的工作准则与规程。这一项目基于四大支柱:人才、管理、维护

第五章　卓有成效的运营管理

和质量。2003年,我们所有的工厂都实施了制造项目。制造项目不仅提高了工厂的生产能力,也减少了相当多的固定成本。这一进步体现在我们维护成本(包含零件和服务)的变化上,2003年,排除物价因素,我们的维护费用降低了4%。

制造项目的一些举措受到了丰田生产体系的启发,其他的实践则是受到了戴明全面质量管理体系的启发。还有一些是应用了五常法、全面生产维护体系和质量控制循环理论。

严格控制成本和预算

> 我们严格控制成本,以便将更多的资源投入到可持续、有利润的营收增长之中。节流有助于开源。
>
> ——百威英博十大原则
>
> 偏执地控制成本费用,确保企业长期生存,这是唯一我们可以控制的变量。
>
> ——加兰蒂亚十八条商业原则

鲍勃·菲佛在《利润翻倍》中最为伟大的观点是关于战略和非战略成本费用的区别,这一点我们在讨论客户导向的章节中介绍过。

按照菲佛所说,战略成本可以"明显带来生意并且提高营收"。最好的例子就是广告宣传、聚焦于营收增长的咨询、税前利润提升、销售佣金、品牌推广和研究开发的费用。

非战略成本是"死亡"成本,不会带来生意也不会提高营收。如:中层管理开销、差旅费用、办公用品、无谓的固定资产、私人助理等。

伟大的公司都必须毫不留情地削减非战略成本,在花费更多战略成本费用时,比竞争对手消耗更少的非战略成本费用。下面便是百威英博将非战略成本降到极致的工具。

零基预算①

安贝夫使用一种被称为"零基预算"(ZBB)的预

---

① 零基预算法英文为Zero-Base Budgeting,简称ZBB,指根本不考虑基期的费用开支水平,而是一切以零为起点,从零开始考虑各费用项目的必要性,确定预算收支,编制预算。——编者注

第五章 | 卓有成效的运营管理

算系统。这一系统促使公司致力于成本费用控制,且今年的预算与去年已完成的数字不相关。在公司内部,每个业务部门和团队都要为其预算负责,每一个成本中心和支出计划都有"责任人"。

——安贝夫 2011 年年报

百威英博使用的最有力的成本削减工具是零基预算,以及与之相对应的零基成本。这个方法是彼得·派尔(Peter Pyhrr)于 20 世纪 70 年代提出的,《哈佛商业评论》的报道使它闻名于世。这一方法打破了将预算框架建立在往年成本消耗上的传统。

在传统预算编制模式中,高管们的主要工作是基于往年数字确认增量是否合理。如果某个部门去年花掉了 15000 美元的差旅费,其部门经理会被问询为何今年的预算为 16000 美元,而不是首先详尽了解去年花掉的差旅费用。《经济学人》写道:

尽管预算变化的百分比很可能与通货膨胀率、公司整体战略,甚至经理们当时的心情有关系,但这一百分比或多或少存在随意的成分。这实际是在鼓励经理们年复一年不断增加成本,而不是关注成本本身。

按照派尔的零基预算理论,高管们每年必须重新说明整个预算。这将促使整个公司形成惯例,每年重新评估需求并彻底讨论所有项目,这么做总能发现低效之处。

好处显而易见:公司最终对全部成本和费用架构形成深入的了解。在百威英博,任何费用的增加如果没有充分的理由,几乎不可能纳入预算。费用每年保持不变甚至是削减,如果销售增长高于通胀率,将会产生难以置信的复合效应。这就是巴西三雄旗下公司利润长期显著增长的来源。

文森特·法尔科尼还将零基预算理论运用于米纳斯吉拉斯政府。这使州长阿埃西奥·内维斯在任期内削减预算赤字超过20亿雷亚尔。

共享服务中心

收购南极洲并组建安贝夫后,公司在圣保罗州雅瓜里

第五章 卓有成效的运营管理

乌纳设立了第一家共享服务中心。安贝夫2001年年报写道：建立共享服务中心是为了理顺运营和行政（非战略）流程，实现规模经济效应，提高劳动生产率，使类似企业资源规划（ERP）软件之类的新系统和新技术更易于应用。

职能部门的工作如工资支付、应付账款、应收账款等，以前分散在公司不同的工厂、代表处、分销中心，现在都归于一个中心，即共享服务中心。共享服务中心采用了SAP公司端对端技术，以及著名的企业资源规划系统（ERP）。

在订单到现金（OTC[1]）、雇佣到退休（HR[2]）、采购到支付（PTP[3]）等端对端流程中，团队和员工被按照流程划分，而不是单一的活动。整个流程由一个确定的领导者负责，确保服务水平及呼应内部客户需求。

采购

百威英博设立集中采购体系以满足其战略和非战略

---

[1] OTC 为 Order to Cash 的缩写。——编者注
[2] HR 为 Hire to Retire 的缩写。——编者注
[3] PTP 为 Procure to Pay 的缩写。——编者注

需要。

采购是一个帕累托分布现象。10%的采购项目通常占到采购总金额的70%。这部分采购由中央管理团队负责,经常会涉及复杂的采购安排和套保合同。它们得到最大的关注。

其他90%的采购项目占30%的采购总金额,通常由特别采购小组负责。特别采购小组与工程师团队紧密合作,帮助工程师落实服务、零件和其他小零件的采购方案。

| 附录 |

卓越企业的管理原则

巴西三雄的商业原则演变十分有趣。首先,这些商业原则凸显了他们创立企业文化时的高瞻远瞩,同时期没有一家巴西公司这么做。其次,他们虚心学习,融合了所有启发过他们的其他文化的优点。任何人一旦研究过高盛的商业原则、杰克·韦尔奇的通用电气年报、山姆·沃尔顿的自传,都会得出清晰的结论:这些原则一直在那里,以某种形式存在着。

考虑到这一点,我花费大量时间重新翻译了加兰蒂亚十八条商业原则,尽量确保与葡萄牙原文语义一致。我还列出了百威英博最新版本的十大原则,这实际上是加兰蒂亚商业原则在日用消费品领域的应用。我还复制了很明显影响了加兰蒂亚十八条商业原则的高盛法则,还有极大影响了文森特·法尔科尼和百威英博的丰田管理十四条法则。我希望读者们也会发现这很有用。

编纂一个公司的文化体系是一个痛苦的过程,其本质是呈现这一公司股东和高管的愿景和承诺。所有影响过巴西三雄的文化都在下面列出来了,它们本身也将对阅读它们的企业家们有重要启发。

附录一 加兰蒂亚十八条商业原则

1. A big and challenging dream makes everyone row in the same direction.

具有挑战性的远大梦想令所有员工朝同一方向前行。

2. A company's biggest asset is good people working as a team, growing in proportion to their talent, and being recognized for that. Employee compensation has to be aligned with shareholders' interests.

公司最宝贵的资产是优秀员工,他们团队协作,各展天赋并得到肯定。员工的回报应当与股东的利益看齐。

3. Profits are what attracts investors, people, and

opportunities, and keep the wheels spinning.

利润吸引投资者、人才和机会,推动飞轮旋转。

4. Focus is of the essence. It's impossible to be excellent in everything, so concentrate on the few things that really matter.

聚焦非常重要,不可能每件事都做得很好,要将精力集中到真正重要的少数事情上。

5. Everything has to have an owner with authority and accountability. Debate is good, but in the end, someone has to decide.

每件事都有相应的权力者和责任人。讨论固然有益,但最终必须有人做出决定。

6. Common sense is as good as fancy concepts. Simple is better than complicated.

常识和奇思妙想一样重要,简单化优于复杂化。

7. Transparency and information flow ease decision-making and minimize conflicts.

透明化和信息自由流动使决策容易,令冲突最小。

8. Hiring people who are better than yourself, training them, challenging them, and retaining them is the main

attribution of a manager.

雇佣比你优秀的人才。训练、赋予挑战并留住他们是一个管理者的主要贡献。

9. Leading through example is vital, in both heroic gestures and the simple actions of the company's day-to-day.

无论是英雄举动还是公司的日常小事，领导都要以身垂范。

10. Luck is always a function of sweat. Work hard, but with joy.

好运来自汗水中。努力工作，快乐工作。

11. Things happen in the business' operations and in the market. You have to pound the pavement.

细节在运营和市场中体现，必须接地气，到现场去。

12. Being paranoid about costs and expenses—the only variables under our control—helps ensure long-term survival.

偏执地控制成本费用，确保企业长期生存，这是唯一我们可以控制的变量。

13. Constant discontent, a sense of urgency, and zero complacency help ensure a sustainable competitive advantage.

永不满足,保持紧迫感,不骄傲自满能够确保持续的竞争优势。

14. Innovations that add value are useful, but copying practices that already work is usually easier.

创造新价值的改革非常有用,但是模仿成功的实践往往更容易。

15. Corporate and personal discretion are helpful. Showing off is only allowed when done with concrete objectives.

提倡公司和个人保持低调,完成目标后,才可以高调。

16. Constant training and improvement have to be ongoing efforts and should permeate our routine.

培训和改进必须持续不断,渗透到我们的日常工作中。

17. Name, reputation, and brands are precious assets that take decades to build and days to destroy.

名誉、声望和品牌是最宝贵的资产。数十年时间打造,一朝即可被摧毁。

18. Trickery and cheating can rot a company from the inside. Ethics pay off on the long run.

欺骗和作弊会从内部腐化公司。道德之债迟早偿还。

附录二　百威英博十大原则

1. Our shared Dream energizes everyone to work in the same direction to be the Best Beer Company Bringing People Together for a Better World.

我们共同的梦想激励着每个员工努力工作。我们要成为最佳啤酒公司，携手你我酿造更美好的世界。

2. Our greatest strength is our people. Great people grow at the pace of their talent and are rewarded accordingly.

优秀员工是我们公司最宝贵的资产，我们必须以人才为本，做到人尽其才，奖励优秀。

3. We recruit, develop, and retain people who can be better than ourselves. We will be judged by the quality of our teams.

我们雇佣、培养、保留那些能够比我们自身更加优秀的人才。青出于蓝胜于蓝。我们将根据其团队素质来评判我们的领导者。

4. We are never completely satisfied with our results, which are the fuel of our company. Focus and zero complacency guarantee lasting competitive advantage.

我们对所取得的成果永不满足,这也正是我们公司前进的动力。专注和从不满足有助于保证持久竞争优势。

5. The consumer is the Boss. We serve our consumers by offering brand experiences that play a meaningful role in their lives, and always in a responsible way.

消费者至上。我们提供优质品牌体验,以尊重和有益之道服务于顾客。

6. We are a company of owners. Owners take results personally.

我们的员工都是企业的主人翁。主人翁将主动承担责任。

7. We believe common sense and simplicity are usually better guidelines than unnecessary sophistication and complexity.

我们认为,常识和简单化常常比世故和复杂化更具指导意义。

8. We manage our costs tightly to free up resources that will support sustainable and profitable top line growth.

我们严格控制成本,以便将更多资源投入到可持续、有利润的营收增长之中。节流有助于开源。

9. Leadership by personal example is at the core of our culture. We do what we say.

以身作则是我们企业文化的最重要的因素。我们说到做到。

10. We never take shortcuts. Integrity, hard work, quality, and responsibility are key to building our company.

我们绝不走捷径。诚信踏实、努力和始终如一,对于打造一个伟大的公司而言至关重要。

附录三 高盛的商业原则

1. Our clients' interests always come first.

客户利益永远至上。

Our experience shows that if we serve our clients well, our own success will follow.

我们的经验表明只要对客户尽心服务,成功将随之而来。

2. Our assets are our people, capital, and reputation.

我们最重要的三大财富是员工、资本和声誉。

If any of these is ever diminished, the last is the most difficult to restore. We are dedicated to complying fully with the letter and spirit of the laws, rules, and ethical principles that govern us. Our continued success depends upon unswerving adherence to this standard.

如三者之中任何一项遭到破坏,最难重建的当属声誉。我们不仅致力于从字面上,更从实质上完全遵循约束我们的法律、规章和职业道德准则。持续的成功有赖于坚定地遵守这一原则。

3. Our goal is to provide superior returns to our shareholders.

我们的目标是为股东带来优越的回报。

Profitability is critical to achieving superior returns, building our capital, and attracting and keeping our best people. Significant employee stock ownership aligns the interests of our employees and our shareholders.

盈利是我们实现优越回报、充实资本、延揽和保留最优秀人才的关键。员工大量持股可以使员工与股东的利益协调一致。

4. We take great pride in the professional quality of our work.

我们对自身工作的专业素养深以为傲。

We have an uncompromising determination to achieve

excellence in everything we undertake. Though we may be involved in a wide variety and heavy volume of activity, we would, if it came to a choice, rather be best than biggest.

对于所从事的一切工作，我们都凭着最坚定的决心追求卓越。尽管我们的业务活动量大而且覆盖面广，但如果我们必须在质与量之间作取舍的话，我们宁愿选择做最优秀的公司，而非最庞大的公司。

5. We stress creativity and imagination in everything we do.

我们的一切工作都强调创意和想象力。

While recognizing that the old way may still be the best way, we constantly strive to find a better solution to a client's problems. We pride ourselves on having pioneered many of the practices and techniques that have become standard in the industry.

虽然我们承认传统的办法也许仍然是最恰当的选择，但我们总是锲而不舍地为客户策划更有效的方案。许多由我们首创的作法和技术，后来成为了业界标准，我们为此深感自豪。

6. We make an unusual effort to identify and recruit the very

best person for every job.

我们不遗余力地为每个工作岗位物色和招聘最优秀的人才。

Although our activities are measured in billions of dollars, we select our people one by one. In a service business, we know that without the best people, we cannot be the best firm.

虽然我们的业务额以十亿美元为单位,但我们对人才的选拔却是以个人为单位,精心地逐一挑选。我们明白在服务行业里,缺乏最拔尖的人才就难以成为最拔尖的公司。

7. We offer our people the opportunity to move ahead more rapidly than is possible at most other places.

我们为员工提供的职业发展进程比大多数其他公司都要快。

Advancement depends on merit, and we have yet to find the limits to the responsibility our best people are able to assume. For us to be successful, our men and women must reflect the diversity of the communities and cultures in which we operate. That means we must attract, retain, and motivate people from many backgrounds and perspectives. Being diverse is not optional; it is what we must be.

员工晋升取决于其业绩，而我们最优秀的员工潜力无限，能担当的职责也没有定式。为了获得成功，我们的员工必须能够反映我们所经营的地区内社会及文化的多元性。这意味着公司必须吸引、保留和激励有着不同背景和观点的员工。我们认为多元化不是一种选择，而是一条必行之路。

8. We stress teamwork in everything we do.

我们一贯强调团队精神。

While individual creativity is always encouraged, we have found that team effort often produces the best results. We have no room for those who put their personal interests ahead of the interests of the firm and its clients.

在不断鼓励个人创意的同时，我们认为团队合作往往能带来最梦想的效果。我们不会容忍那些置个人利益于公司和客户利益之上的人。

9. The dedication of our people to the firm and the intense effort they give their jobs are greater than one finds in most other organizations.

我们的员工对公司的奉献以及对工作付出的努力和热忱超越了大多数其他机构。

We think that this is an important part of our success.

我们认为这是我们取得成功的一个重要因素。

10. We consider our size an asset that we try hard to preserve.

我们视公司的规模为一种资产,并对其加以维护。

We want to be big enough to undertake the largest project that any of our clients could contemplate, yet small enough to maintain the loyalty, the intimacy, and the esprit de corps that we all treasure and that contribute greatly to our success.

我们希望公司的规模大到足以经办客户想得到的最大项目,同时又能小到足以保持服务热情、关系紧密与团结精神,这些都是我们极为珍视又对公司成功至关重要的因素。

11. We constantly strive to anticipate the rapidly changing needs of our clients and to develop new services to meet those needs.

我们尽力不断预测快速变化的客户需求,并致力于开发新的服务以满足这些需求。

We know that the world of finance will not stand still and that complacency can lead to extinction.

我们深知金融业环境的瞬息万变,也谙熟满招损、谦受益的道理。

12. We regularly receive confidential information as part of our normal client relationships.

我们经常接触机密信息,这是我们正常客户关系的一部分。

To breach a confidence or to use confidential information improperly or carelessly would be unthinkable.

违反保密原则、不正当或轻率地使用机密信息都是不可原谅的。

13. Our business is highly competitive, and we aggressively seek to expand our client relationships.

我们从事的行业竞争激烈。我们积极寻求扩展客户关系。

However, we must always be fair competitors and must never denigrate other firms.

我们坚决秉承公平竞争的原则,绝不诋毁竞争对手。

14. Integrity and honesty are at the heart of our business.

正直和诚信是我们业务的根本。

We expect our people to maintain high ethical standards in everything they do, both in their work for the firm and in their personal lives.

我们期望我们的员工无论在工作上还是在私人生活上都要保持高度的道德水准。

附录四 丰田管理十四条法则

1. Base your management decisions on a long-term philosophy, even at the expense of short-term financial goals.

管理决策以长期理念为基础,即使因此牺牲短期财务目标也在所不惜。

2. Create a continuous process flow to bring problems to the surface.

建立连续的作业流程以使问题浮现。

3. Use pull systems to avoid overproduction.

使用拉动式生产方式以避免生产过剩。

4. Level out the workload. (Work like the tortoise, not the hare.)

使工作负荷平均。

5. Standardized tasks and processes are the foundation for continuous improvement and employee empowerment.

工作和流程的标准化是持续改善与员工授权的前提。

6. Build a culture of stopping to fix problems to get quality right the first time.

建立可以随时暂停以解决问题、从一开始就重视质量控制的文化。

7. Use visual control so no problems are hidden.

通过可视化管理使问题无所隐藏。

8. Use only reliable, thoroughly tested technology that serves your people and processes.

只使用可靠且已经测试的技术为员工和生产流程服务。

9. Grow leaders who thoroughly understand the work, live the philosophy, and teach it to others.

培养深谙公司理念的高管,使他们能教导其他员工。

10. Develop exceptional people and teams who follow your company's philosophy.

培养信奉公司理念的杰出人才与团队。

11. Respect your extended network of partners and

suppliers by challenging them and helping them improve.

尊重合作伙伴与供应商,激励并助其改善。

12. Go and see for yourself to thoroughly understand the situation (genchi genbutsu).

亲临现场,彻底了解情况。

13. Make decisions slowly by consensus, thoroughly considering all options; implement decisions rapidly (nemawashi).

制定决策时要稳健,穷尽所有的选择,并征得一致意见;实施决策时要迅速果断。

14. Become a learning organization through relentless reflection (hansei) and continuous improvement (kaizen).

通过不断省思与持续改善,努力成为一个学习型组织。

参考书目

本书所引用的视频资料均可在以下网址查阅：http://www.the3Gway.com

本书参考与引用的其他书籍，也会帮助你更好地理解3G资本的管理模式：

3G资本官网：http://www.3G-Capital.com.

汉堡王公司官网：http://investor.bk.com "投资者关系"专栏

亨氏公司官网：http://www.heinz.com/our-company/investor-relations.aspx "投资者关系"专栏

安贝夫公司官网：http://ri.ambev.com.br "投资者关系"专栏

百威英博公司官网：http://ab-inbev.com/go/investors.cfm "投资者关系"专栏

高盛公司官网：http://www.goldmansachs.com/ investorrelations/

"投资者关系"专栏

通用电气公司官网：http://www.ge.com/investor-relations "投资者关系"专栏

沃尔玛公司官网：http://stock.walmart.com "投资者关系"专栏

Cohan, William D. The Last Tycoons. Doubleday, 2007.

Cohan, William D. Money and Power. Anchor, 2011.

Collins, James C. Good to Great. Harper Business, 2001.

Collins, James C. Built to Last. Harper Business Essentials, 2011.

Correa, Cristiane. Sonho Grande. Primeira Pessoa, 2013.

Ellis, Charles D. The Partnership. Penguin Press, 2008.

Falconi Campos, Vicente. True Power. Editora Falconi, 2009.

Knoedelseder, William. Bitter Brew. Harper Business, 2012.

Liker, Jeffrey R. The Toyota Way. McGraw Hill, 2001.

MacIntosh, Julie. Dethroning the King. Wiley, 2011.

Neto, Jose Salibi. "O Arquiteto de Empresas," HSM Management, number 5, 2001.

Neto, Jose Salibi. "Pensamento Nacional Corporativo: Os 10 Principios de uma Vitoriosa Cultura de Gestão no Brasil,"

HSM Management, number 66, 2008.

Neto, Jose Salibi. "Pensamento Nacional Corporativo: Marcel Telles," HSM Management, number 84, 2001.

Schein, Edgar H. Organizational Culture and Leadership. Jossey-Bass, 2010.

Serafim, Jacileide de Almeida. "Concepção e Implantação de Grupos Autogerenciáveis: Análise de dois Casos Industriais." Master's thesis, Pontifícia Universidade Católica do Rio de Janeiro, 2005.

Sorkin, Andrew R. Too Big to Fail. Viking, 2009.

Teixeira, Alexandre. "O Legado de Lemann," Época Negócios, April 2008.

Walton, Samuel Moore, and Huey, John. Made in America. Bantam Books, 1993.

| 译者后记 |

3G资本对许多中国读者来说，是一个相对陌生的名字，也很少有人想到百威英博、汉堡王、亨氏、卡夫等世界级公司背后的大股东正是它。3G资本是一家来自巴西的私募股权基金公司，创始人豪尔赫·保罗·雷曼是现今的巴西首富，也是巴西经济在全球舞台上崛起的代表性人物，在欧美商业、投资圈中大名鼎鼎。

不过，真正为雷曼和3G资本赢得声誉的却不是财富，而是他们真的致力于产业投资，长期控股被投企业，提升产业效率，造就了一个个伟大的企业。正如雷曼所说："金钱是衡量企业运营成功与否的简单方法，但金钱并不能令我着迷。"

出于深入学习3G资本的目的，我有幸把 *The 3G Way* 这本书翻译成中文，介绍给各位读者。也是在翻译这本书

赋能式投资
——3G资本的投资并购与投后管理之道

的过程中,我对投资和管理的认识也是更为深入,受益匪浅。我认为此书的出版正当其时。同时作为一名投资领域的从业者,我更深知3G资本的成功经验于我们的意义。

1. 投资不等于投钱,最关键的是能否输出管理能力。就在近几年,VC、PE领域愈发热钱涌动、无处安放。有坊间说法,互联网创业的估值泡沫已远超房市。某种意义上,投资变成了赌博,博概率,投资等同于投机。

但是弊病正在显现。高估值、高对赌终究不可持续,外延式投资增长的路就要走到头了。投后管理能力今后将成为评价机构投资能力的决定因素。正如管理学大师彼得·德鲁克所言,投资并购成功要符合一条原则,"在大约一年之内,收购公司必须能够向被收购公司提供卓越管理能力"。而这恰恰也是3G资本作为一家PE机构的过人之处。

潮水正在退去,中国整个经济增速都在放缓。经济新常态以后,中国企业对于管理的要求会更高,因为成熟的市场里本来就没有那么多的顺风车。但也要注意到,欧美一些老牌基金在GDP零增长的情况下,仍能获得高达20%多的回报,靠的是本事。越往后发展,中国资本市场上最稀缺的就是像雷曼这样的具有企业家思维与能力的投

译者后记

资银行家。

2. 海外并购已成趋势，巴西三雄的故事值得中国投资者借鉴。国内的优质资产有限，富裕后的中国商人们频频出手海外，以创纪录的速度全球扫货、大举吃进。某种程度上，像在重演20世纪80年代的日本收购狂潮。但是个中甘苦，就冷暖自知了。

有研究表明，尽管新兴国家积极于国际并购的趋势已然形成，尤其以中国、印度、墨西哥与巴西为最，但这些新兴国家的资本想要并购发达国家的企业，却要付出比一般发达国家并购者更高的溢价成本，平均约高出25%左右。换言之，投资策略必须更高明，才能符合投资回报需求，此为最大的经营挑战，也是新进者的代价。

而3G资本的故事就发生在巴西。巴西与中国同属"金砖四国"，经济与社会发展状况类似，同样是人口庞大、潜在市场规模巨大，巴西三雄专注于食品饮料这类民生产业，因此，他们的成功经验更值得中国投资机构深入研究和学习。

3. 好的管理总是相似的，且始终遵循原则。难能可贵的是，3G资本的合伙人热衷于管理，而且不仅限于实践，更

赋能式投资
——3G资本的投资并购与投后管理之道

要探索出一种足以推而广之、重复复制的模式,这一管理模式被不断应用到他们的兼并重组案中,以验证其有效。他们认为这一模式最重要的三要素就是:梦想、人才、文化。

无怪乎雷曼做出这样的自我评价:"说到底,我其实是一名老师。在我心中,我视自己为人师。"

在本书中,读者将不断看到3G资本所信奉的管理原则,例如加兰蒂亚、高盛、丰田的管理原则。他们对学习其他公司的先进经验充满好奇、乐此不疲,甚至可以说是着迷于此,甚至指派实习生加入那家公司,只为偷师学艺。

好的管理是无国界的,无论何时何地,好管理总能为企业带来效益,赢得尊重。这是3G资本最了不起的地方,也是本书的精髓所在。

加兰蒂亚是3G资本的前身和梦想起飞的地方,事实上,3G资本的得名就来自于雷曼、特列斯、斯库彼拉这三位加兰蒂亚的好兄弟——雷曼是战略操盘手,特列斯掌管基金运用,而斯库彼拉负责进行事业经营管理——3G资本本身就是一个关于先人后事、理想和价值观坚守的故事。这个故事亦是"赋能式投资"的体现。

作为投资业界的从业人员,我深度认同"赋能式投资"的

译者后记

概念。从国内的情况看，简单的投后管理都不太常见，而以和君资本为代表的赋能式投资的重度投后管理更是凤毛麟角。

然而，我相信2017年将会是投资并购的一个分水岭。投后管理做得好、能够赋予被投企业成长能量的机构将脱颖而出，而那些不愿做或是没有能力做投后管理的机构将逐渐淡出人们的视野。在资金愈加泛滥和资产愈加匮乏的当下，是否具有赋能式投资管理能力已成为决定机构能否在竞争中胜出的关键因素。

最后要特别感谢编辑团队陶鹏、刘艳静、张巧云、曹雨欣及丛龙峰博士为本书的编辑出版所付出的心血和时间，他们在原译稿的基础上做了大量的补充、数次修订工作，以让这本书读起来更贴合中国读者的阅读习惯和感知，拿在手上也能感到这是一本精良之作。

本书是一本赋能式投资的"普及读本"，为行业从业人员以及关注投后管理的社会各界人士提供可参考的实操与经验，由衷地希望各位读者、投资家、企业家和有志于从事管理的朋友从中获得启发！

南春雨

2016年12月3日深夜

图书在版编目（CIP）数据

赋能式投资：3G资本的投资并购与投后管理之道／（巴西）弗朗西斯科·S.奥梅姆·德·梅洛著；南春雨译.-- 北京：华夏出版社，2017.2（2023.2重印）

书名原文：The 3G Way

ISBN 978-7-5080-9121-1

Ⅰ.①赋… Ⅱ.①弗… ②南… Ⅲ.① 企业兼并 — 国际投资 — 金融监管 — 研究 Ⅳ.① F270

中国版本图书馆CIP数据核字（2016）第325909号

本书版权登记号：图字：01-2016-5368号

赋能式投资：3G资本的投资并购与投后管理之道

作　　者	[巴西]弗朗西斯科·S.奥梅姆·德·梅洛
译　　者	南春雨
策　　划	曹雨欣　陶　鹏
审　　校	钟昌震
责任编辑	刘艳静
出版发行	华夏出版社有限公司
经　　销	新华书店
印　　刷	三河市万龙印装有限公司
装　　订	三河市万龙印装有限公司
版　　次	2017年2月北京第1版 2023年2月北京第6次印刷
开　　本	787mm×1092mm　1/32
印　　张	7
字　　数	110千字
定　　价	48.00元

华夏出版社有限公司　地址：北京市东直门外香河园北里4号　邮编：100028
网址：www.hxph.com.cn　电话：（010）64618981

若发现本版图书有印装质量问题，请与我社营销中心联系调换。